beck'sche reihe

b^{sr}

Der Alkohol ist die Droge Nr. 1 in unserer Gesellschaft. Nach vorsichtigen Schätzungen gibt es in der Bundesrepublik etwa drei Millionen exzessive Trinker – und die Dunkelziffer liegt sicherlich noch höher.

Gegründet 1935 in den USA von zwei Männern, die als haltlose Säufer von ihrer Umgebung abgeschrieben waren, sind die Anonymen Alkoholiker (AA) mit über 100 000 Gruppen und Millionen Mitgliedern in 140 Ländern eine der erfolgreichsten Selbsthilfegruppen weltweit. Seit 1953, als die erste Gruppe in München gegründet wurde, gibt es AA auch in der Bundesrepublik. Die heute etwa 2800 Gruppen sind „eine Gemeinschaft von Männern und Frauen, die miteinander ihre Erfahrung, Kraft und Hoffnung teilen. Die einzige Voraussetzung für die Zugehörigkeit ist der Wunsch, mit dem Trinken aufzuhören."

Horst Zockers Buch erzählt zwei Geschichten: die Erfolgsgeschichte von AA und – in der Form von „Wortmeldungen" wie in der Gruppenpraxis der Gemeinschaft – die Geschichte seiner eigenen Sucht und seines Bemühens, „trocken" zu bleiben. Sein Buch ist aber auch eine kritische Auseinandersetzung mit „unseren Süchten" und den Chancen für jeden einzelnen, sich ihnen zu stellen.

Horst Zocker ist das Pseudonym eines Journalisten. Seine ersten Berichte über die Anonymen Alkoholiker erschienen 1983 und 1985 im „Spiegel".

6 5

Horst Zocker

Anonyme Alkoholiker

Selbsthilfe gegen die Sucht

Verlag C. H. Beck

1. Auflage. 1989
2. Auflage. 1989
3., aktualisierte Auflage. 1997

Originalausgabe

4., überarbeitete und aktualisierte Auflage. 2006
© Verlag C. H. Beck oHG, München 1989
Gesamtherstellung: Druckerei C. H. Beck, Nördlingen
Umschlagentwurf und Umschlagabbildung: + malsy, Willich
Printed in Germany
ISBN-10: 3 406 54119 4
ISBN-13: 978 3 406 54119 3

www.beck.de

Inhalt

1. „Ich fasse es nicht, daß wir so viele sind"

Anonyme Alkoholiker – ein Wunder feiert Geburtstag

Aufwachen um sechs. Es ist dunkel. Sechs Uhr abends? Sechs Uhr morgens?

Es ist ganz still. Klar doch – am Sonntag. Sonntag? Wieso Sonntag? Samstag. Oder erst Freitag? Wie bin ich heimgekommen? Und wann? Jetzt ist es sechs. Sechs Uhr, der Wecker tickt noch.

Es stinkt. Scheißgefühl im Magen. Scheißgeschmack im Mund. Das kommt vom Rauchen, das muß ich mir abgewöhnen. Wo bin ich eigentlich gewesen?

Egal, jetzt ist es sechs. Ich muß ins Büro. Oder ist doch Sonntag? Am besten schleich ich auf die Straße und guck, ob die Geschäfte offen sind, bring mir 'ne Flasche mit. Ob die noch auf haben? Sechs Uhr.

Die leuchtend blau- und rot gerändeten Namensschilder, die viele tausend Frauen und Männer in der ersten Juliwoche des Jahres 1985 durch Montreal spazierenführen, haben etwas provozierend Bescheidenes. Es stehen nur Vornamen darauf und Heimatorte, die aber dick und knallig.

Ihre Träger – junge und alte Menschen, elegante und abgerissene, manche voll strotzender Gesundheit, andere ausgezehrt und gebückt – sind überall. Sie swingen mit beim International Jazz Festival, hocken auf den Rängen bei Mozart-Konzerten, schlendern durch die Picasso-Ausstellung, lagern in den Parks, säumen die Hotel-Swimmingpools und sitzen in allen Cafés der Stadt.

Sie benehmen sich überaus auffällig. Wann immer sie einander zu Gesicht bekommen, nicken sie sich schon von weitem zu, rudern grüßend mit den Armen, fallen sich gar öffentlich um den Hals. Ihr amerikanisch kolorierter Frohsinn legt sich laut über die französische Lebensart von Quebec.

Irrtümer können nicht ausbleiben. Spätestens als am 4. Juli, dem US-amerikanischen Nationalfeiertag, Joe aus Buffalo, New York, mit „Stars and Stripes" wedelnd durch die Halle des Hilton-Hotels läuft und ruft: „Happy birthday, America", scheint klar, daß ein gigantischer US-Betriebsausflug ins Nachbarland eingefallen ist, um irgend etwas von der nationalen Gemütsgrößenordnung wie Mutterschaft oder Coca-Cola zu feiern.

Aber was? Vor den Rolltreppen zum abweisenden Beton-„Palais de Congrès" weist ein Pfeilchen, dessen Aufschrift ohne Brille von den älteren Ankömmlingen kaum zu entziffern ist, zum „50-Jahre-Konvent". Meist stehen da auch gesetzte Herrschaften mit Strohhüten und blau-weiß-rotem Band und fragen dezent: „Wollen Sie zum Internationalen Kongreß?"

Oben wird der aufkeimende Verdacht schnell zerstreut, es würde hier vielleicht etwas Anrüchiges gefeiert. Denn da geht es kreischend bieder zu: „Hi there, darling" und „Ist es nicht wundervoll", „marvellous", „gorgeous"? Texanische Pranken klatschen auf breite Schultern aus Iowa. Alte Damen mit weißen Söckchen in Tennisschuhen und junge mit weißen Spitzenkleidern, durch die sich rosa Samtbändchen ringeln – kein Klischee eines amerikanischen Großkonvents fehlt.

Natürlich spielt zum Eröffnungsabend eine Big Band, unter riesigen rot-weißen Luftballons im überdimensionierten Ballsaal erklingen Oldies und Goldies. Und natürlich versichern Chris aus San Antonio und Helen aus New Jersey jedem, der es hören will, und den anderen auch, daß sie später beim Fahnenaufmarsch im Stadion bestimmt heulen würden. Helen: „Ich heule sowieso den ganzen Tag vor Rührung."

Das nun würde nicht passen zu einer 50-Jahr-Feier im traditionellen Rotary- oder Lions-Stil. Auch ist bei solchen Festen nicht ein so feiner italienischer Adeliger wie Giacomo aus Mailand vor der Ballsaaltür eingekeilt. Er zupft an seinem weißen Seidenanzug und lächelt gequält. „An sich verabscheue ich Menschenmengen. Dies ist die einzige, die ich ertragen kann, denn zu der gehöre ich ganz einfach." Auch Timo aus Helsinki wäre nicht dabei, der strahlend versichert: „Ich nix englisch, nix französisch, nix deutsch, but fine here."

Nein, so amerikanisch der Kongreß auch aussieht – es ist ein Welttreffen, die 50. Geburtstagsfeier der Selbsthilfegemeinschaft AA, jener geheimnisumwobenen Anonymen Alkoholiker, die im vergangenen halben Jahrhundert wohl Hunderttausende von Menschen vor Tod und Elend durch den Suff gerettet haben, ohne es statistisch und wissenschaftlich beweisen zu können und zu wollen.

Während im Kongreßsaal die alten und im Discolicht des Palladiums die jungen Tänzer am frühen Freitagmorgen im lebensfrohen Überschwang über das Parkett tollen, schütteln sich im Hotel Legrand um die 3000 AAs vor Lachen über ihren Freund Vincent aus Kalifornien, der erzählt, wie er im Suff Krankenwagen zu fahren pflegte: „Mit Blaulicht am Ende einer Sackgasse, immer um den Wendekreis rum." Und Tom erheitert die Menge mit seinem Säuferbekenntnis: „Jeder muß an was glauben, ich glaubte eben an den nächsten Drink."

Aber dann spricht er über seinen ersten Tag bei AA. Mit Sonnenbrille hat er dagesessen: „Niemand sollte mir in die Augen sehen und erkennen, in dem ist keiner zu Hause."

Es steckt viel Grauen hinter dem Frohsinn und Gelächter von Montreal. Aber das erklär mal einer.

Ich bin hier, um zu arbeiten. Meine Aufgabe ist es, skeptischen Lesern in Deutschland „möglichst ohne Peinlichkeit" – so lautet der Auftrag – zu erläutern und beschreiben, wie die Anonymen Alkoholiker ticken. Was gibt es überhaupt öffentlich zu feiern, wenn man aufgehört hat, heimlich oder gar unheimlich zu saufen? Und nun marschieren sie ins Olympiastadion von Montreal ein, Ex-Säufer aus 51 Ländern hinter ihren Nationalfahnen, und auf den Rängen reißen 50 000 einst gefürchtete Trunkenbolde und 20 000 Angehörige jubelnd zur „Welle" die Arme hoch. Ein ehrfürchtiges Grußwort von US-Präsident Ronald Reagan wird vorgelesen.

Bin ich besoffen? Sind die es immer noch? Grotesk ist das, sensationell; unglaublich bewegend und atemberaubend verrückt.

Gemischte Gefühle jagen mir Schauer über den Rücken. Neben mir weinen fast alle.

Erklären? Im Ernst bin ich mir nicht einmal klar darüber, wie es zuging, daß ich jetzt hier auf der Tribüne sitze, ja, warum ich überhaupt noch lebe – und das besser denn je. Gewiß, rein formal und auf den ersten Blick ist daran nichts Verwunderliches. Ich erledige meinen Job – ein Journalist von Anfang Fünfzig, verheiratet, zwei Kinder. Beruflich bin ich zufrieden. Ich arbeite in angenehmer und angesehener Position. Es geht mir gut.

Das konnte man – pflegt meine Mutter noch heute zu sagen – aber auch von mir erwarten. Meine Kindheit galt als glücklich und behütet. Mein gutbürgerliches Elternhaus in einer kleinen Stadt war intakt, ist es noch. Ohne große Mühen und ohne Knick durchlief ich Schule, Universität und die Anfangsstationen meiner beruflichen Laufbahn.

Ich hatte einen Lebensplan, den ich Punkt für Punkt durchzog. Mit fünfundzwanzig Jahren wollte ich das Staatsexamen anpeilen, mit dreißig Jahren verheiratet sein und bald Kinder haben, mit fünfunddreißig Jahren im Ausland arbeiten, mit vierzig in aussichtsreicher Karriereposition angekommen sein. Und mit fünfundvierzig wollte ich es „geschafft" haben.

So, genauso ist es gekommen. Deshalb sitze ich jetzt in Montreal. Man traut mir schwierige Jobs zu. Daß aber mein Leben neun Jahre zuvor eine komplette Wende genommen hat, daß ich mich praktisch selbst überlebt habe, gehört auch zu meiner Geschichte. Auch deshalb bin ich hier.

Ich war total kaputt. Nicht alle in meiner Umgebung haben es bemerkt, aber ich konnte nicht mehr und wollte nicht mehr. Von Einsamkeit und Angst zerfressen, von Ehrgeiz zerrieben, durch Anpassung bis zur Unkenntlichkeit verstümmelt, hatte ich Gesundheit, Familie und Karriere aufs Spiel gesetzt. Ich sah keinen Sinn mehr, in nichts. Ich soff. Nein, ich bin nicht nur hier, um zu arbeiten. Ich feiere mein Leben. Mein Name ist Horst, ich bin Alkoholiker.

Vor gut fünfzig Jahren hat der notorisch dem Trinken verfallene New Yorker Börsenmakler Bill Wilson dem Arzt Bob Smith in Akron/Ohio ein letztes Bier eingeschenkt, damit der – er zitterte und schwitzte nach einem schweren Rückfall – mit ruhigen Händen einen Patienten operieren konnte.

Das war für beide der letzte Alkohol in ihrem Leben. Weil sie fortan trocken blieben – Bob starb 1950, Bill 1971 –, indem sie miteinander über die Krankheit Alkoholismus redeten und „die Botschaft weitergaben", wie Bill es etwas pompös formulierte, wurde der 10. Juni 1935 zum Gründungsdatum der AA. Die Botschaft heißt: Das erste Glas stehenlassen. Es geht, wenn man „Erfahrung, Kraft und Hoffnung" mit Leidensgefährten teilt. Und es lohnt.

Fünfzig Jahre später feiern mehr als 50 000 Männer und Frauen ohne einen Tropfen Alkohol diesen Tag mit einem Enthusiasmus, der die Bewohner der trink- und lebensfrohen Stadt Montreal zwischen Argwohn, Staunen und Begeisterung schwanken läßt. Warum, zum Teufel, sind die so fröhlich? Warum strahlen die so und fallen einander unentwegt in die Arme?

„Komm, erzähl mir nichts", grummelt der französische Freund von Monique, die eben von einem Jeff aus San Diego auf offener Straße heftig gedrückt worden ist, nur weil sie ihm den Weg zur U-Bahn gewiesen hat. „Los", sagt der Freund, „pack aus, woher kennst du den Kerl?" Monique kennt ihn wirklich nicht, sie, die in ihrer Heimatstadt kein AA-Namensschild tragen will, hat sich dem Amerikaner nur als „Freundin von Bill Wilson" zu erkennen gegeben.

Ist das ein Grund, sich öffentlich anzufallen und abzuküssen? Was geht hier vor? Wie funktioniert diese Gemeinschaft überhaupt? Diese Frage hat schon Gründer Bill Wilson so oft ohne Erfolg zu beantworten versucht, daß er sich am Ende mit der lakonischen Formel zu begnügen pflegte: „Danke, gut."

Ein bißchen mehr muß Ed beim Jubiläums-Treffen in Montreal schon bieten. Der bullige Ire aus New York, Journalist und knochenharter PR-Mann seit vielen Jahren und fast ebenso lange AA-Mitglied, hat hier den härtesten Job seines Lebens. Er betreut die Medienmenschen aus aller Welt.

„AA ist ganz offenkundig ein Lieblingskind der Presse", hat Bob, der auf Zeit gewählte Vorsitzende der AA-Zentrale in New York, gesagt. Mit 2400 Zeitungen hat das General Service Office bei der Vorbereitung zum Geburtstags-Konvent zu tun gehabt. Bob selbst schätzt, daß er mindestens 700 Rundfunk-Interviews gegeben hat.

Dennoch bleiben die Anonymen Alkoholiker mysteriös. Die in Montreal versammelten Presseleute versuchen, „ein Wunder" in den Griff zu kriegen – ein Wort, das sie gern und oft zynisch benutzen, um ein Thema hochzujubeln, das die Menschen emotional berührt und zu dem sie widerwillig Zuflucht nehmen, wenn sie selbst etwas nicht ganz kapieren. Wie AA.

Einerseits ist in Montreal der Erfolg der Gemeinschaft mit Händen zu greifen, auch bleibt niemand ganz unberührt von den „Human Touch"-Elementen dieser Suff-Internationale. Andererseits fehlt alles, was eine knallige Geschichte im Fernsehzeitalter ausmacht: berühmte Namen, dramatische Abläufe, verläßliche Zahlen und Tatsachen.

„Ich habe euch alle sehr lieb", tröstet Ed die verdutzten Damen und Herren der Weltpresse nach einem Hintergrundgespräch, das die Journalisten mit mehr Fragen zurückläßt als Antworten.

Das Verblüffende ist, sie nehmen es diesem irischen Gemütsriesen sogar ab. Viele haben miterlebt, wie Ed die großen Kollegen aus New York und Übersee am Telefon einseift: geduldig, verständnisvoll für die Wünsche der Presse, aber unerbittlich, wenn es an die AA-Grundlagen geht, an Anonymität und die absolute Eigenständigkeit der einzelnen Mitglieder und Gruppen.

Immer wenn Ed am Telefon die Stimme senkt und ganz langsam zu reden beginnt, dann hat er einen besonders schweren Fall an der Strippe – einen Top-Journalisten aus der Nachrichtenbranche oder einen Fernseh-Menschen. „Nein", säuselt er dann in den Hörer, „nein, akkurate Zahlen haben wir nicht. Wie? Ja, 1,35 Millionen Mitglieder können Sie schreiben oder auch zwei Millionen, nur – das stimmt nicht."

Es entsteht eine lange Pause, und Ed blickt zwinkernd auf: „New York Times", flüstert er, während er geduldig zuhört.

„Nein, es sind mehr", sagt er dann. „Wie? Ja, ja, die Zahl haben wir selbst veröffentlicht, richtig, 63 000 Gruppen in 114 Ländern, soviel sind es bestimmt. Aber viele melden sich gar nicht. Wie? Doch, AAs sind sie trotzdem, das ist korrekt, Sir."

Während am anderen Ende der Leitung offenbar Ungeduld und Gereiztheit wachsen, schlägt Ed gemütlich vor, der Kollege möge doch einfach nach Montreal kommen. „Zimmer 311 im Palais de Congrès. Wir werden versuchen, Ihnen zu helfen, AA zu verstehen."

Die mithörenden Kollegen feixen. Fast schon wie alteingesessene AAs versorgen sie sich an der unvermeidlichen Kaffeemaschine, 250 000 Tassen werden pro Tag in Montreal von den Mitgliedern geleert. Als Eds Stimme plötzlich einen entschiedenen Klang bekommt, wissen sie auch schon, was jetzt folgt: das Thema Anonymität.

„Auf keinen Fall", sagt Ed prompt, „keine Fotos, ohne Ausnahme. Doch, Sir, das nehmen wir ernst, nur so können wir überleben. Ja, das gilt auch für den Flaggenaufmarsch im Olympiastadion. Richtig, mehr als 50 000 sind das, mindestens. Ungewöhnlich? Wie Sie meinem, Sir. Gewiß, ungewöhnlich könnte man das nennen. Wie bitte? Wen möchten Sie sprechen? Den Präsidenten von AA? Wir haben keinen."

Daraus werde schlau, wer kann. Sie sind weltweit organisiert und haben keine Hierarchie. Sie stellen mit lauter Amateuren einen wie geölt ablaufenden Millionen-Konvent auf die Beine und haben weder Einkünfte noch Zuschüsse. Jeder Teilnehmer zahlt 30 Dollar.

Sie beten ziemlich häufig und sind doch weder ein Frömmler-Haufen, noch gehören sie zu einer Kirche oder Sekte. Sie trinken keinen Alkohol. Und reden doch unentwegt darüber, aber sie wollen ihn keineswegs verbieten. Sie bezeichnen sich als tödlich krank und leben doch wenigstens so saft- und kraftvoll wie die meisten ihrer Mitmenschen.

Als Gemeinschaft sind die Anonymen Alkoholiker organisierte Anarchie, die funktioniert. Als einzelne sind die Mitglieder – wenigstens die, die in Montreal ihre Trockenheit feiern, zumindest an jedem einzelnen dieser Tage – glückliche Menschen.

13

Auf der Pressetribüne im Stadion von Montreal sitzt Nan neben mir und hält meine Hand, Nan aus New York. Wir kannten uns lange, bevor wir uns kennenlernten, Kollegen im trinkfesten internationalen Journalisten-Wanderzirkus. Bis es hieß, sie sei krank. Bis auch ich nicht mehr öffentlich gesehen wurde.

Inzwischen hat Nan Robertson, Pulitzer-Preis-Gewinnerin und Reporterin bei der New York Times, *in ihrem AA-Buch „Getting Better" beschrieben, wie wir uns wiedertrafen, im Palmengarten des Plaza Hotels in New York, zwei Jahre vor Montreal: „Jahrelang hatten wir uns nicht gesehen. Erst an diesem Nachmittag hatte ich erfahren, daß er Alkoholiker ist und daß er endlich in Deutschland den Weg zu AA gefunden hatte. Und jetzt wollte er am Abend mit mir in sein erstes New Yorker Meeting gehen. Aber während wir uns in der Plazalobby seit Jahren zum erstenmal umarmten, regnete es draußen in Strömen. Ich sagte zu Horst: ,Wenn zwei AAs zusammen sind, dann ist das ein Meeting.' Wir speisten gemeinsam in der Eleganz des Palmengartens, während Horst mir die Horrorgeschichten seiner Saufzeit erzählte und die Erlösung davon und ich ihm die meinen. Ein Geiger spielte dazu Wiener Walzer."*

Was Nan nicht erzählt, ist mir am nachdrücklichsten in Erinnerung geblieben: Über eine halbe Stunde hatte ich vergeblich auf sie gewartet in der quirligen Lobby des Hotels, in der wir uns verabredet hatten, um uns nur nicht zu verfehlen. Ungeduldig und beunruhigt sah ich eine Wartende nach der anderen verschwinden, eingesammelt von Freunden, die sie wegführten zum Essen, ins Theater. Von Nan keine Spur. Ich harrte aber aus, weil ich längst gelernt hatte, daß auf AAs Verlaß ist. Wer in seiner Trinkzeit so häufig Verabredungen gebrochen und vergessen hat, dem ist, seit er trocken ist, Pünktlichkeit wichtig.

Endlich, die Halle hatte sich fast ganz geleert, kam zögernd eine zierliche ältere Dame auf mich zu. Fast automatisch ging ich ihr entgegen, starrte sie so ungläubig an wie sie mich.

„Horst", sagte sie, „bist du das?" – „Mein Gott, Nan, ich habe dich nicht erkannt."

Sie hatte so lange gewartet wie ich. Beide hielten wir nach den Gestalten unserer Erinnerung Ausschau: Sie suchte einen kräfti-

gen Mann mit dreißig Pfund mehr Gewicht und schwarzen, nicht grauen Haaren. Ich wartete auf eine nervöse, immer angespannt zapplige, sportliche Kollegin.

Wie der Suff uns früher gezeichnet und wie AA uns zu anderen Menschen gemacht hatte – darüber gab es, an jenem Abend im Plaza, viel zu reden. Die Wiener Walzer hörte ich kaum. Aber die Geschichten unserer Einsamkeit, die wir uns erzählten, die sind noch alle gegenwärtig, als wir jetzt in Montreal ungläubig auf die Menge unserer Freunde blicken: „Kneif mich, Horst", sagte Nan, „ich fasse es nicht, daß wir so viele sind."

AAs sind erstaunlich fröhliche Menschen. Locker geht es zu in Montreal wie bei allen größeren Treffen der AAs in der Welt: Gelächter, Umarmungen, Küsse. Jeder sagt zu jedem du. Mögen die Verwüstungen in vielen Gesichtern Außenstehende erschrecken, die Lebendigkeit schockt nicht minder. Tränen rinnen aus tausendjährigen Augen, aber oft sind es Tränen der Freude.

Das Hauptgeheimnis dieses seltsamen Konvents ist wohl, daß da Menschen zusammen sind, die aus dem Staunen nicht rauskommen darüber, daß sie noch leben. „Jeder von uns ist doch eigentlich schon tot gewesen", sagt Thor aus Oslo. Es ist, als hätte er in dem Kreis, der in der Beton-Cafeteria um einen Tisch zusammenhockt, ein Buschfeuer entfacht. Alle steuern ihre Erfahrungen bei, von Selbstmordversuchen und Unfällen, von Krankheiten und seelischem Absterben. Gemeinsam berichten sie alle von der tödlichen Einsamkeit des Trinkens.

Jetzt haben sie sie durchbrochen und vergewissern sich unentwegt, daß das kein Traum ist. Sie sitzen zufällig beieinander, haben mit ihrem Tablett den nächsten Tisch angesteuert: Roberto aus Puerto Rico, Renate aus München, Laurie aus Dallas in Texas, Bill aus Wexford County in Irland und Thor und Einar aus Oslo. „Und dahinten springt dieser verrückte Israeli rum, der ist erst zwei Wochen trocken, er kann gar nicht glauben, was ihm hier widerfährt", sagt Laurie, „er hat immer gedacht, er sei der einzige Säufer in der Welt."

Über ihr Trinken wissen sie alles, sonst wissen sie nichts voneinander. Nicht ob der Nebenmann auf dem Campingplatz schläft oder im Luxus-Hotel, ausgebucht ist sowieso alles seit Monaten. Nicht ob der andere mit dem Boot hergesegelt, getrampt oder erster Klasse geflogen ist. Es ist ihnen gleich. Sie fühlen sich getragen, gestärkt, bestätigt.

Natürlich feiern sie nicht nur, natürlich reden sie in einem der 144 englischen, der dreißig französischen, der acht spanischen und vier deutschen Meetings und vor allem in der Marathon-Gruppe, die keine Pause kennt zwischen Donnerstagabend und Sonntagmorgen, auch über Nöte und Ängste. „Es ist ja keiner hier", sagt Jacques aus Toronto, „der behaupten würde, daß sein Leben jetzt einfach wäre." Nüchternsein ist ein Prozeß. Und der Rückfall ist immer nah: Etliche der 2000 Freiwilligen, die sich vor Monaten als Hilfswillige angeboten hatten, waren nicht zu erreichen, als es soweit war. Ihr Telefon war abgemeldet, sie waren verschollen – vielleicht wieder auf dem Trip, vielleicht schon im Grab. Das zu wissen und nie zu vergessen ist auch AA.

Nein, einfach sind nur die Regeln. Nimm's leicht, eile mit Weile, das Wichtigste zuerst und vor allem: nur für heute, Kalendersprüche und Pfadfindertugenden: Ehrlichkeit, Hilfsbereitschaft, Toleranz, Demut. Sie wären leicht zu veralbern, sähen nicht allzu viele in Montreal so aus, als hätten sie manches davon im Leben umgesetzt.

Das ist Aaron aus Newark, New Jersey, 31 Jahre ist er jetzt dabei. Was sich geändert hat? „Wir sind mehr geworden, sonst nichts." Auch das ist eine typische AA-Aussage, sie stimmt und sie stimmt nicht. Einerseits ist die AA-Mitgliedschaft nicht nur größer geworden, sondern auch anders, vor allem in den letzten fünf Jahren.

Jeder dritte Anonyme Alkoholiker ist heute eine Frau, glaubt man einer Umfrage der AA-Gemeinschaft im deutschsprachigen Raum. Jeder dritte AA hängt noch zusätzlich an einer anderen Droge, von Tabletten und Kokain bis Heroin. Und schon jeder fünfte ist jünger als dreißig Jahre. Der zunehmende Kinderalkoholismus ist besonders alarmierend.

Und doch hat auch Aaron recht. In der Palladium Disco hockt Jack aus Cleveland und versucht, den lautstark mitgegrölten Hit zu überschreien, der gerade auf der Tanzfläche gestampft wird:

„Solid as a rock." Er brüllt: „Mein Leben fängt jetzt erst richtig an." Wie lange hat er getrunken? „Eigentlich immer", und immer hat er „Scheiße gebaut". Bis ein Richter ihm nach mehreren Ermahnungen die Wahl ließ zwischen Knast und Behandlung in einer Klinik und anschließenden Gruppensitzungen bei AA.

Da hat Jack natürlich nicht lange gezögert. Was konnte schon schlimmer sein als Knast? „Erwartet habe ich aber nichts." Und nun? „Mensch, gekriegt hab ich alles." Nach vier Jahren Trockenheit ist Jack eine Art AA-Veteran. Er ist gerade achtzehn geworden.

2. „Lieber ein stadtbekannter Säufer als ein Anonymer Alkoholiker"

Volksseuche Alkoholismus

Ich weiß nicht mehr, woher ich die Telefonnummer hatte. Irgend jemand mußte sie mir zugesteckt haben. Ich weiß vieles nicht mehr aus meiner Zeit der Filmrisse.

Irgendwann, als ich zwischen leeren Flaschen und vollen Aschenbechern aufwachte als zitternder Katerkrüppel, geriet mir der Zettel mit der Nummer in die Hand: Anonyme Alkoholiker. Keine Ahnung, was für eine Truppe das ist. Bechern die hinter verschlossenen Türen oder schämen die sich gemeinsam? Ich wählte sie dennoch an. Warum auch nicht? Ich hatte nichts zu verlieren. Ich hatte die Schnauze voll.

Es meldete sich das Rathaus. „Aha", dachte ich, „das verbirgt sich also hinter AA: ein Sozialreferat der Stadtverwaltung." Der Mann in der Zentrale sagte jedoch: „Anonyme Alkoholiker? So wat ham wa hier nich." Ich war erleichtert und enttäuscht. Schon wollte ich auflegen, da fügte er hinzu: „Moment, da sitzt doch so 'n komischer Typ in der Registratur, so 'n Behinderter, ich glaube, der hat mit denen was zu tun. Ich verbinde."

Der Typ war nicht mehr da. Zum Glück, was hatte ich mit einem Behinderten aus der Registratur zu schaffen? Ich ärgerte mich längst über meinen Anruf. Alkoholiker? Das war ich nicht. Das waren die auf der Bank am Bahnhof. Und anonym? Die würden schon Gründe haben, sich zu verstecken.

Trotzdem: Ich tat mir leid. Wieder nichts. Es blieb ein ungewisses Gefühl, daß die mehr von mir wüßten als ich von ihnen. Das reichte, um für drei weitere Jahre jeden Kontaktversuch abzublocken. Ich wollte lieber verrückt sein als Säufer.

Die Visitenkarte der AA ist von fast anmaßender Schlichtheit: Zu Beginn eines jeden Meetings – den verläßlich eingehaltenen Treffen der Mitglieder an festgelegten Orten zu festgelegten Zeiten überall zwischen Zwaziland und Argentinien – verliest ein Sprecher die Präambel der Gemeinschaft:

„Anonyme Alkoholiker sind eine Gemeinschaft von Männern und Frauen, die miteinander ihre Erfahrung, Kraft und Hoffnung teilen, um ihr gemeinsames Problem zu lösen und anderen zur Genesung vom Alkoholismus zu verhelfen.

Die einzige Voraussetzung für die Zugehörigkeit ist der Wunsch, mit dem Trinken aufzuhören.

Die Gemeinschaft kennt keine Mitgliedsbeiträge oder Gebühren; sie erhält sich durch eigene Spenden.

Die Gemeinschaft AA ist mit keiner Sekte, Konfession, Partei, Organisation oder Institution verbunden; sie will sich weder an öffentlichen Debatten beteiligen noch zu irgendwelchen Streitfragen Stellung nehmen.

Unser Hauptzweck ist, nüchtern zu bleiben und anderen Alkoholikern zur Nüchternheit zu verhelfen."

Erfahrung, Kraft und Hoffnung teilen, um nüchtern zu bleiben – das ist im Grunde schon das ganze AA-Geheimnis.

Hoffnung? Die gründet sich vor allem auf die wachsende Zahl. Die Anonymen Alkoholiker, 1935 in den USA von den längst abgeschriebenen Trunkenbolden Bill und Bob gestartet, treffen sich in über 100 000 Gruppen in mehr als 140 Ländern. In der alten BRD wuchs die Gemeinschaft Anfang der achtziger Jahre um jährlich 30 Prozent, dann etwas langsamer. 2413 Gruppen hatten sich 1991 etabliert – jetzt sind es etwa 2800. Man findet sie auch in Krankenhäusern, Reha-Kliniken und Gefängnissen. Von Berlin bis Barsbüttel besuchen zwischen 40 000 und 65 000 Alkoholiker regelmäßig lokale AA-Treffen, sogenannte Meetings. Zu den etwa zwei Millionen AAs, die sich jederzeit regelmäßig in Gruppen zusammenfinden, kommen Millionen anderer, die mit AA-Hilfe ihr Leben so stabilisiert haben, daß sie ohne Alkohol, aber auch ohne ständige Arbeit mit der Gemeinschaft zurechtkommen. Viele halten untereinander weiter Kontakt.

Kraft? Das „ist die Macht der Überlebenden", sagen nicht nur die Betroffenen selbst, sondern auch Psycho-Fachleute und

Mediziner wie der Frankfurter Psychoanalytiker Michael Lukas Moeller: „Die haben doch alle schon mal in die Kiste geguckt." Tatsächlich ist die Überzeugung, „Leiche auf Urlaub zu sein", mit „Freund Hein auf du und du" zu stehen, dem „Tod von der Schippe gesprungen zu sein", wie es AAs formulieren, Quell für eine ansteckende Heiterkeit: „Was kann mir schon passieren, wenn ich nicht saufe."

Erfahrung? Zunächst eher widerwillig, inzwischen aber mit zunehmendem Respekt, hat die professionelle Suchtbekämpfungsgilde von Medizinern, Psychiatern und Sozialhelfern die wichtigsten Methoden und Einsichten der Anonymen Alkoholiker übernommen. „Anerkannt und hochgeehrt", nennt sie der deutsche Alkoholismus-Papst, Professor Wilhelm Feuerlein vom Max-Planck-Institut für Psychiatrie in München: „Die brauchen sich nicht mehr zu legitimieren."

1979 erhielt die Gemeinschaft den Hermann-Simon-Preis, der in der Bundesrepublik für besondere Leistungen auf dem Gebiet der Sozialpsychiatrie vergeben wird. Die New Yorker Akademie der Wissenschaften preist die AA und deren Arbeit als „eines der großen Phänomene des 20. Jahrhunderts".

Und doch – Unkenntnis und unterschwelliges Unbehagen sind groß. Was ist das für eine Vereinigung, die Arbeitskreise abhält zu Themen wie „Innere Einkehr", „Gott, wie ich ihn verstehe", „Die Botschaft weitergeben"? Das klingt frömmelnd und verstiegen.

Ist AA nicht doch nur eine Sekte, eine Loge für selbstgerechte, von der Realität abgehobene, sich in der Anonymität verkriechende Betbrüder und Abstinenzler? „Lieber ein stadtbekannter Säufer als ein Anonymer Alkoholiker", witzeln die Zecher an den Theken.

Der nette Kollege, der die letzten beiden meiner nassen Jahre im Zimmer neben mir arbeitete, behauptet noch heute, so schlimm sei es mit mir gar nicht gewesen. Klar, ich sei immer dabeigewesen, wenn es was zu feiern gab; und wenn wir nur feierten, wir keinen Anlaß hatten. Sicher, einmal habe er mich auch sturzbetrunken nach Hause gefahren, wobei wir in eine Polizeikon-

trolle gerieten und dabei hohes Lob erhielten – er, weil er völlig nüchtern am Steuer saß, ich, weil ich so knülle war, daß ich mich nicht einmal am Laternenpfahl aufrecht halten konnte und trotzdem mit meiner Vernunft protzte: „Aber ans Steuer, Herr Wachtmeister, kriegen sie mich nicht." Das war sehr lustig. Von sich selbst weiß er aber noch Lustigeres zu berichten: einmal sei er in eine Schaufensterscheibe gefahren, mit 1,8 Promille. Das habe vielleicht gescheppert. Dafür habe er sogar eingesessen. Und natürlich sei er für eine Weile den Führerschein losgewesen. Ich dagegen nie.

War ich also tatsächlich anders als die anderen Schluckspechte im Büro? War ich etwa Dauersieger beim täglichen Wettbewerb um den Titel des „Gesichtsältesten" der Truppe? War ich denn derjenige, der grau und muffelig morgens unter brüllendem Gelächter von der Begegnung mit dem eigenen Spiegelbild berichtete: „Kenn ich nicht, wasch ich nicht"?

Nein, schlimmer gesoffen als viele meiner Mitmenschen hatte ich gewiß nicht, nicht am Anfang, nicht am Ende. Aber anders. Immer hatte mein Trinken einen zerstörerischen Drall, eine heimliche Lust am Untergang. Immer ging es mir ums Ganze, wenn andere nur einen Halben zum „Leberanfeuchten" brauchten. Sie tranken ihre „Absacker", um am Feierabend ihre hochgeputschten Nerven zu beruhigen. Ich sackte selbst ab.

Aber ich wußte es mehr als zwanzig Jahre lang zu verheimlichen, mir und meiner Umwelt. So angepaßt wie ich lebte, trank ich auch – auf Klassenfahrten in der Milchbar, bei der Tanzstunde, im Sportverein, auf Familienfesten, im Studium, wo sich eine schlagende Verbindung als treffliche Umgebung erwies, und natürlich im Beruf, Journalisten sind ja Promille-Profis. (Freilich weiß ich inzwischen, daß Apotheker und Bauhilfsarbeiter, Versicherungsvertreterinnen und Schauspielerinnen, Rentner und Punks ähnlich zu argumentieren pflegen.)

Auch konnte ich Pausen einlegen, bis zu sechs Monate habe ich abstinent gelebt – natürlich nur um abzunehmen. Aber dann war ich überall Spielverderber, ein ungeselliger Prinzipienreiter, langweilig, oft unsicher, mürrisch, für die anderen ein Stören-

*fried. Alle pflegten aufzuatmen, wenn ich wieder „normal"
wurde, ich selbst besonders tief.*

*Von den Schwierigkeiten, bei der Arbeit und in der Gesell-
schaft die Balance zu halten, spürten meine Mitmenschen – die
tapfer für mich lügende Familie ausgenommen – offenbar nichts,
wollten es wohl auch nicht. Zu der Zeit, als mein Kollege von
nebenan noch fand, es sei nicht so schlimm mit meinem Saufen,
hatte ich schon vier ernsthafte Selbstmordversuche hinter mir.
Auf meinem Schreibtisch stand immer neben einer halb gefüllten
Flasche Mineralwasser ein ganz gefülltes Wasserglas – Wodka.
Das jedenfalls hat nie jemand gemerkt, bis zum Schluß nicht.
Irritiert hat allenfalls, daß ich so schnell betrunken war, wenn ich
mit den anderen dann gemeinsam ein Bier trank. Daß ich nichts
mehr vertragen konnte, das war mein Stigma.*

Der Name stößt manchen ab. Er ist so schamlos direkt: Anonyme Alkoholiker, da weiß man gleich, woran man ist. Und
dabei haben sie noch nicht einmal was gegen den Stoff, nicht
zuletzt das zählt mit zu den Erfolgsvoraussetzungen. Sie wissen:
„Kein Trinker läßt sich gern etwas über Alkohol erzählen von
jemandem, der den Alkohol haßt." AA heißt nicht Anti-Alko-
holiker. Sie geben zu, daß sie mit alkoholischen Getränken nicht
umgehen können. Das fasziniert und stößt ab, wie der Stoff
selbst.

Nicht nur Blut ist ein ganz besonderer Saft – C_2H_5OH auch.
„Wann immer du in Gesellschaft das Gespräch auf Alkohol
bringst, werden die Leute wütend oder durstig", hat der amerikanische Suchtexperte Philip L. Hansen beobachtet: „Alkohol
scheint eher eine Emotion als eine chemische Substanz."

„König Alkohol": Jack London, der das Rauschmittel litera-
risch auf den Thron hob, ist an ihm zugrunde gegangen wie
jährlich mehr als 40 000 Menschen in Deutschland, fast 200 000
in den USA. Alkoholismus ist heute, was im Mittelalter Blattern
und Pestilenz waren und was Aids inzwischen auch geworden
ist – eine Volksseuche.

Neben den rund 1,6 Millionen behandlungsreif abhängigen
Trinkern gibt es zur Zeit in Deutschland etwa 7,8 Millionen

Menschen mit schädlichem oder riskantem Alkoholkonsum. Insgesamt besteht in Deutschland bei etwa 9,4 Millionen Menschen Beratungs- oder Behandlungsbedarf.

Nimmt man pro Betroffenen nur zwei bis drei Familienmitglieder, Freunde oder Kollegen als Mitleidende hinzu, so sind derzeit mehr als zehn Millionen Deutsche direkt oder indirekt durch Alkoholismus körperlich, seelisch oder sozial beeinträchtigt.

Die Dunkelziffern sind hoch. Was ans Licht kommt, erschreckt auch die Wirtschaftler. In Betrieben und Verwaltungen sind mindestens fünf Prozent der Mitarbeiter alkoholkrank, weitere zehn Prozent gelten als gefährdet. Die gegenwärtig rund 750 000 alkoholkranken Beschäftigten in Firmen und Behörden – dazu kommen nach vorsichtigen Schätzungen der Deutschen Hauptstelle für Suchtgefahren noch 500 000 bis 800 000 medikamentensüchtige Mitarbeiter – bringen nur etwa 75 Prozent an Gegenleistung für ihr Gehalt.

Richter schätzen, daß bei 50 bis 70 Prozent aller Kündigungen Alkohol im Spiel ist. In den USA werden die Kosten für Ausfälle durch Alkohol – Arbeitsunfälle und medizinische Ausgaben – auf jährlich fast 150 Milliarden Dollar beziffert. Für Deutschland schätzen Experten die alkoholbedingten Krankheits-Folgekosten auf 30 bis 50 Milliarden Mark pro Jahr.

Der Berber mit der Wermutflasche, der auf der Parkbank vor sich hinbrabbelt, ist eher Karikatur als charakteristisch für die Krankheit. Bei einer überraschenden Durchsuchung aller Schreibtische und Schränke nach verlorenen Unterlagen in einer großen deutschen Versicherungsfirma fanden die Suchenden wahre Spirituosenlager in den Schubladen und Fächern ihrer Mitarbeiter – auch und vor allem in den Chefetagen. In den Büros und Lagerhallen, am Fließband und am heimischen Herd der Hausfrauen wird mehr gesoffen als im Park. An fast drei Millionen Arbeitsplätzen steht die Flasche neben Schreibtisch und Werkbank.

Richter, die während der Verhandlung einschlafen, Ärzte, die ihre zitternden Hände mit einem schnellen Schluck beruhigen, Politiker, die im Parlamentsplenum rumröhren, und Polizisten, die betrunken im Streifenwagen die Sirene aufheulen lassen, sind keine Einzelfälle. Daß unlängst in Bad Brückenau ein Hochzeitspaar die Eheschließungszeremonie vorsichtshalber wiederholen ließ, weil die Standesbeamtin infolge Trunkenheit hochgradige Ausfallerscheinungen am Federhalter zeigte, ist längst kein Kuriosum mehr. Solche Vorfälle signalisieren einen Trend.

Er wird abgewehrt und verharmlost. „Eine Million Deutsche jeden Tag blau am Steuer", empört sich zwar im April 1988 die *Bild*-Zeitung mit Großbuchstaben. Aber dieselbe Zeitung sorgte dafür, daß eine Millionen-Menge bis zu seinem jämmerlichen Ende nur kein pikantes Detail versäumt von den öffentlichen Räuschen des Fernsehstars Harald Juhnke oder der Fußballtrainer Branco Zebec und Werner Biskup. Juhnke: „Was soll ich tun, ich laß es einfach laufen. Ich grab mich ein, man ist nur noch ein Fossil. Hinter meinen Augen bin ich tot. Aber ich bin ein ganz normaler Mensch, ich bin wie alle anderen." Und dann tritt er wieder im Fernsehen auf, trällert und blödelt, und die Öffentlichkeit reagiert – bis zum nächstenmal – mit Gruseln und Erleichterung: Die Prominenten saufen auch am Arbeitsplatz, na und, sind sie nicht tüchtig?

Seit einem Grundsatzurteil des Bundessozialgerichts vom 18. Juni 1968 gilt Alkoholismus in der Bundesrepublik als eine Krankheit. Hauptmerkmal: Kontrollverlust. Und obwohl immer mehr Menschen das akzeptieren – 52 Prozent kennen inzwischen persönlich einen Alkoholiker –, bleibt die grundsätzliche Einstellung ächtend: Können sich eben nicht zusammenreißen, die Typen. Zu fest sitzt ein seit Jahrhunderten gepflegtes Stigma moralischer Verurteilung, das Professor Hans Bürger-Prinz, der einstige „große alte Mann" der deutschen Psychiatrie, 1938 auf den „wissenschaftlichen" Nenner brachte: „Die Alkoholiker sind sehr häufig erregbare, zu Tobsuchtsanfällen oder Mißhandlungen neigende, willensschwache, haltlose, triebhafte, einsichtslose, lügnerische, hemmungslose, stimmungslabile, leicht schwachsinnige, kriminelle Persönlichkeiten." Viele dieser Klischees haften bis heute.

Daß ich Alkoholiker sein könnte, habe ich während meiner Saufzeit nur einmal ausgesprochen. Ängstlich und voller Scham. Mit Hilfe meiner Frau gelang es mir aber schnell, diesen schmachvollen Verdacht zu zerstreuen. Das war fast fünf Jahre vor dem Ende.

Zwar wußte ich, daß ich zuviel trank, ich schob es aber auf „endogene Depressionen", die ich von Fachleuten behandeln ließ. Später versorgte ich mich mit anderen wohlklingenden Diagnosen: neuro-vegetative Dystonie, orthostatische Dysregulation, Herz-Kreislauf-Neurose, Magen-Darm-Katarrh.

Für jeden körperlichen Befund konsultierte ich einen anderen Arzt, jedem räumte ich zwei, drei Bier pro Tag ein; auch mal eine Flasche Wein: „Sie kennen das ja, Herr Doktor." Und wie der das kannte.

Bis zuletzt klammerte ich mich an meine Depressionen. Wer will schon einfach Säufer sein? Wilfried, ein rheinischer Gemütsmensch, der seit Jahren trocken ist, führt noch heute in AA-Gruppen von Zeit zu Zeit bewegte Klage darüber, daß er das am schwersten verkraften könne: „Irgendwat Lateinisches oder Griechisches tät schon schmücken; die anderen im Büro haben alle Krankheiten mit dekorativen Namen."

Krankheiten von der feinen Sorte, auch verharmlosende Organdiagnosen, sind von Medizinern schnell zu haben. Das hat nicht nur damit zu tun, daß, wie die Hauptstelle gegen die Suchtgefahren schreibt, „Medizinalpersonen eine statistisch überzufällige Häufung von Abhängigkeiten aufweisen", also selbst kräftig saufen, sondern auch damit, daß diese Krankheit die professionelle Identität der Mediziner, Psychiater und Sozialarbeiter provozierend in Frage stellt.

Tatsächlich ist die Helfer-Branche dieser Sucht gegenüber ziemlich ohnmächtig. Weder über die Beschaffenheit der Krankheit Alkoholismus – es gibt mindestens 180 Definitionsversuche, mal über die Trinkmenge, mal über den Typ des Trinkenden, mal über die sozialen Ursachen oder Folgen des Suffs – besteht Klarheit, noch herrscht über die Persönlichkeitsstruktur potentieller Opfer oder über Therapieformen und -methoden Einigkeit.

Als in den frühen achtziger Jahren eine Regierungsbehörde in Washington, die sich auf Alkoholismusforschung spezialisiert hat, eine Enzyklopädie über die Krankheit plante, schlugen die Experten – nur halb im Scherz – einen Umfang von hundert Bänden vor: Ein Band sollte die Basisinformationen über Alkoholismus enthalten. In den übrigen 99 Bänden würden dann die Sonderfälle, Widersprüche, Ausnahmen, Fehlinformationen und Gegenthesen gesammelt und abgehandelt.

Eine der vielen unerfreulichen Wahrheiten über diese Krankheit aber ist, so hat es der amerikanische Arzt und Suchtexperte Joseph Pursh ausgedrückt „daß die meisten Ärzte und Psychotherapeuten den Alkohol- oder Drogenmißbrauch als Zeichen einer tieferliegenden geistig-seelischen Störung betrachten". Die meisten halten das Trinken für das Symptom von Ängsten oder einer Depression und machen sich daran, deren Ursachen zu ergründen. Das sei, so Pursh, etwa so, als ob sich jemand mit ständigen Kopfschmerzen frage, ob die wohl tiefere Gründe hätten oder ob sie daher rührten, daß er seinen Kopf immer gegen die Wand ramme: „Das Naheliegendste wäre wohl, erst mal aufzuhören, mit dem Kopf gegen die Wand zu rennen." Oder wie die AAs sagen: Trinken kommt vom Trinken.

Warum? Warum? Warum? An guten und ernsthaften Vorsätzen hat es mir nicht gefehlt. Mangelnde Willensanstrengungen, mein Trinken aufzugeben, hab ich mir nicht vorzuwerfen. Ich kannte genügend Leute, die mehr tranken als ich. Genügend auch, die länger soffen. Aber wenn es darauf ankam, konnten sie aufhören, ich nicht. Warum?

Bevor ich zu den AAs ging, habe ich mit einer Psychoanalytikerin versucht, das herauszukriegen. Vergeblich. Zwei Jahre steckte ich zusätzlich voller Psychopharmaka und sah mir zu, wie mein Leben im Zeitlupentempo ablief. Ich kotzte mich an.

Dann folgten Konsultationen bei Psychotherapeuten aller Art, Gespräche einzeln, auch in Gruppen.

Die Experten bescheinigten mir, daß ich zu sensibel sei für diese Welt, ein Mensch des 19. Jahrhunderts, leider zu spät dran. Sie ermunterten mich, doch von meiner Intelligenz Gebrauch zu machen. Ich hielt Trinkpausen ein, beschränkte mich auf Bier, auf Wein, auf Cidre. Ich versuchte den Alkoholgenuß aufs Wochenende zu begrenzen. Dann brach ich wieder ein. Immerhin hielten mich die Ärzte und Psychologen, knapp genug, am Leben. Von mir lebten sie auch nicht schlecht.

Nie ging es bei diesen Bemühungen um Alkoholismus. Das Wort fiel nicht. Immer ging es nur um die Gründe meines Saufens. Ich grübelte über gesellschaftliche Bedingungen, frühkindliche Traumatisierungen, fehlende religiöse Bindungen. Dabei stieß ich gewiß auf wichtige Aspekte meines Lebens. Aber ich trank weiter: zwanghaft und zunehmend zerstörerisch. Vernichtungstrinken nannte ich das.

Erst als eine Entmündigung unabwendbar schien, stießen mich in einer psychosomatischen Klinik Ärzte brutal auf meine Alkoholabhängigkeit. Sie schickten mich zu AA.

Auf Ursachenforschung lassen sich die Anonymen Alkoholiker nicht ein. Sie halten den Streit der Wissenschaftler für wenig hilfreich. „Sieben Gründe hat der Mensch zum Saufen", spotten sie in den Gruppen: „Montag, Dienstag, Mittwoch, Donnerstag, Freitag, Samstag, Sonntag".

Für die AAs ist Alkoholismus eine Primärkrankheit, einer Allergie vergleichbar. Kennzeichnend ist, daß der Trinkende seinen Konsum nicht kontrollieren kann. Er ist abhängig, für immer. „Genesung" heißt für AA, mit dieser Krankheit leben zu lernen – und das geht nur in völliger Abstinenz. Schon eine Cognacbohne oder ein Löffel Weingelee kann den Rückfall bedeuten.

Die Anonymen Alkoholiker diagnostizieren die Krankheit nicht bei anderen. Sie überlassen es jedem, der zu ihnen kommt, selbst zu entscheiden. Sie drücken ihm den Fragebogen in die Hand, den Professor Elvin Morten Jellinek für die Weltgesundheitsorganisation (WHO) entwickelt hat, um jeden das Stadium seiner möglichen Erkrankung selbst überprüfen zu lassen. Müsse er mehr als fünf der dreißig Fragen mit „Ja" beantworten, heißt es vorsichtig in einer AA-Broschüre, „so besteht die Wahrscheinlichkeit, daß Sie Alkoholiker sind".

Die Fragen:

Vorstadium

1. Leiden Sie an Gedächtnislücken nach starkem Trinken?
2. Trinken Sie heimlich?
3. Denken Sie häufig an Alkohol?
4. Trinken Sie die ersten Gläser hastig?
5. Haben Sie wegen Ihres Trinkens Schuldgefühle?
6. Vermeiden Sie in Gesprächen Anspielungen auf Alkohol?

Kritische Phase

7. Haben Sie nach den ersten Gläsern ein unwiderstehliches Verlangen weiterzutrinken?
8. Gebrauchen Sie Ausreden, warum Sie trinken?
9. Zeigen Sie ein besonders aggressives Benehmen gegen die Umwelt?
10. Neigen Sie zu innerer Zerknirschung und dauerndem Schuldgefühl wegen des Trinkens?
11. Versuchten Sie periodenweise völlig abstinent zu leben?
12. Haben Sie ein Trinksystem versucht (z. B. nicht vor bestimmten Zeiten zu trinken)?
13. Haben Sie häufiger den Arbeitsplatz gewechselt?
14. Richten Sie Ihre Arbeit und Ihren Lebensstil auf den Alkohol ein?
15. Haben Sie einen Interesse-Verlust an anderen Dingen als an Alkohol bemerkt?
16. Zeigen Sie auffallendes Selbst-Mitleid?
17. Haben sich Änderungen im Familienleben ergeben?
18. Neigen Sie dazu, sich einen Vorrat an Alkohol zu sichern?
19. Vernachlässigen Sie Ihre Ernährung?
20. Wurden Sie wegen Alkohol-Mißbrauchs in ein Krankenhaus aufgenommen?
21. Trinken Sie regelmäßig am Morgen?

Chronische Phase

22. Haben Sie mitunter tagelang hintereinander getrunken?
23. Beobachten Sie einen moralischen Abbau an sich selbst?
24. Wurde Ihr Denkvermögen beeinträchtigt?
25. Trinken Sie mit Personen, die weit unter Ihrem Niveau stehen?
26. Trinken Sie gelegentlich technische Alkoholprodukte (Haarwasser oder Brennspiritus)?
27. Wurde die Verträglichkeit für Alkohol geringer?
28. Beobachten Sie morgendliches Zittern?
29. Wurde das Trinken zum Zwang?
30. Hatten Sie bereits ein Alkoholdelir?

Oft verzichten die AAs aber auch auf den Fragebogen und werden so pragmatisch, daß es fast zynisch klingt. Sie empfehlen: „Gehen Sie in die nächste Kneipe und versuchen Sie, kontrolliert zu trinken. Versuchen Sie zu trinken und ganz plötzlich aufzuhören. Versuchen Sie es mehr als einmal. Wenn Sie ehrlich zu sich selbst sind, brauchen Sie nicht lange, um zu wissen, was mit Ihnen los ist."

Wer sich als Alkoholiker erkennt, kann nur am Leben bleiben, sagen die AAs, wenn er den Kampf mit der Flasche aufgibt, kapituliert. Denn der Stoff ist stärker als er, und die Sucht ist tödlich, das wissen die Überlebenden aus eigener Erfahrung. Um aber die Finger für immer von Alkohol lassen zu können, wird der Betroffene sein Leben ändern müssen. Für AA ist Alkoholismus ein Persönlichkeitsproblem: Alkoholismus hat man nicht, Alkoholiker *ist* man.

Weiß das, wer sich zum erstenmal mit den Anonymen Alkoholikern einläßt? Die meisten versuchen es mit AA – von trockenen AAs, der Telefonseelsorge, ihrem Hausarzt, einer Fachklinik oder durch Berichte in der Presse und im Fernsehen angestoßen –, weil sie keinen anderen Ausweg sehen. „Was hatte ich denn für eine Wahl", sagt Bernhard aus Kiel: „Ich hätte Scheiße gefressen, wenn das geholfen hätte." Heinz aus Nürnberg: „Bis nach Sibirien wäre ich zu Fuß gelaufen, wenn ich darin Hoffnung gesehen hätte."

3. „Die wollten nichts von mir und wußten alles"

Erste Kontakte mit AA

Ich habe AA in der Klinik kennengelernt, hatte längst den Entzug durchgezittert, hielt mich auf Distanz. Im Grund wollte ich noch immer rausfinden, warum ich nicht richtig ticke, um das abzustellen und dann zivilisiert zu trinken.

Die Schilderungen meiner neuen Freunde fand ich nicht nur erleichternd. Gewiß, daß die über ihre Lügen und über ihre ständigen Niederlagen, über ihr grausiges Verhalten gegenüber der Familie, über ihre Großspurigkeiten und ihren Selbsthaß so offen reden konnten, beeindruckte mich. Sie sprachen Sachen aus, die ich nicht einmal zu denken gewagt hatte. Als Schweinehund war ich offenbar kein Sonderfall.

Es stimmte auch alles. Nichts, was da zur Sprache kam, war mir fremd. Ihre Suffszenen, ihre Selbstbelügungen, ihre Maßlosigkeit, ihre Jammerei – alles auch meine. Da mochten Details austauschbar sein, das Gesamtbild war dasselbe.

Die sagten auch keine Sprüche auf, die sie in Lehrbüchern gefunden hatten. Die Gesichter redeten mit, der ganze Körper. Ihre Sprache war saftig und prall, oft dialektgefärbt. Die waren echt.

Aber genau das erschreckte mich. Wo war ich eigentlich echt? Was blieb von mir? Alles was ich bis dahin für meine Persönlichkeit gehalten hatte, hatten die auch. War ich denn nichts als ein Bündel von Suchtsymptomen? War ich denn nur Alkoholiker – reduziert auf meinen Vornamen und meine Trinkgewohnheiten?

Ich hatte Angst, aber ich war auch neugierig. Den anderen mußte es ja ähnlich gehen. Besonders bedrückt schienen sie deshalb nicht.

Niemand, der freiwillig zu AA geht, vergißt seine erste Begegnung. Margarete aus Köln, eine vierzigjährige Beamtin, hat den Tip von der Telefonseelsorge. Sie zögert lange, bevor sie die Kontaktstelle in der Kölner Trajanstraße ansteuert, braucht auch Tabletten und viel Schminke, um die Angst zu überwinden. Sie ist vor 18 Uhr dort, der AA-Treffpunkt ist noch geschlossen. „Ich bin dann voller Angst, furchtbar aufgeregt und schwitzend, um den Block gerannt, einige Male", erzählt sie. Von außen sieht das Haus nicht sehr einladend aus, von innen auch nicht. „Soweit bist du also gekommen", schießt es ihr durch den Kopf.

Ein Mann fragt nach ihrem Namen. Er duzt sie. Wie er heißt, kriegt sie nicht mit. „Dann nahm er mich, und ich zitterte, mit in einen Hinterraum. Das war so eine Art Korridor mit alten, abgewetzten Sesseln. Da lagen Zigarettenkippen rum. Und dann sagte er: ,setz dich hin.' Und er fragte: ,was willste haben, Kaffee, Sprudel oder was?' Ich sagte: ,Kaffee.' Und da holte er mir Kaffee, und da fragte er: ,Mit Zucker, mit Milch?' Und das waren ja so Dinge, die kannte ich überhaupt nicht. Daß mich einer fragte, was ich wolle. Und daß mich einer versorgte. Da kam in mir so was wie Vertrauen hoch."

Für Margarete strahlt der Mann „eine unheimliche Ruhe" aus. Er schlägt ihr vor, ein Meeting in einem kirchlichen Gemeindezentrum zu besuchen. Sie erzählt: „Und dann kam ich in einen Raum, da saßen so etwa zwanzig Leute. Das Meeting hatte schon angefangen, und die rauchten. Es war ein furchtbarer Qualm. Ich setzte mich auf einen freien Stuhl. Ja, und dann redeten sie, und ich verstand es zum Teil überhaupt nicht. Das ging so an mir vorbei, und die Leute guckten mich natürlich an. Sie guckten nur. Ich hab mich furchtbar geschämt. Aber ich hatte auch Vertrauen, ich weiß nicht warum." In einem Rundgespräch kommt jeder zu Wort, und jeder beginnt mit der Formel: Mein Name ist soundso, ich bin Alkoholiker. Margarete: „Und dann kam die Runde an mich, und da habe ich meinen Namen gesagt, und als dann dieses Wort kam, kriegte ich das nicht raus. Das war wie ein Block, da zog sich mir der Hals zu, da hab ich geweint."

Einige Teilnehmer kommen nach der Sitzung zu ihr, was sie, wegen der Tabletten, nur ganz schemenhaft wahrnimmt. Eine ältere Dame sagt spontan: „Du kriegst meine Telefonnummer, du kannst mich immer anrufen. Als ich dich reinkommen sah, da habe ich mich gesehen, wie ich vor drei Jahren aussah. Du bist ja total kaputt."

Viele geben ihr Telefonnummern, schreiben sie in Margaretes Notizbuch, weil die keinen Stift halten kann. „Und dann haben sie mir gesagt, ich soll wiederkommen. Ich hab das alles nicht verstanden, ich hab nur im Kopf gehabt: keine Tabletten, nicht trinken, ich soll anrufen und wiederkommen. Ja, und das habe ich auch getan."

Wenn AA-Mitglieder von ihren ersten Empfindungen in einer Gruppe erzählen, dann wird ihr Ton enthusiastisch und für Außenstehende befremdlich gefühlsgeladen. Viele weinen. Es fallen Worte wie Heimat und Familie, Geborgenheit, Halt, Vertrauen. „Ein warmes Strömen" sei durch ihn hindurchgegangen, berichtet Alexander aus Hamburg, ein cooler Mann.

Zu verstehen ist dieser Überschwang für Außenstehende schwer. „Ihnen fehlt", wie es die abhängige Suchttherapeutin Toni ausdrückt, „die tödliche Vorerfahrung einer durch und durch vergifteten Einsamkeit."

Ganz gleich, ob die letzte Phase des Suffs „zu Hause in aller Stille stattfand", wie es Beate aus Kassel ausdrückt, oder ob einer versucht hat, in Gesellschaft zu bleiben – durch Lügen und Vertuschungen, durch die ständige Konzentration auf Stoffbeschaffung und schließlich den quälenden Willen, sein Trinken in den Griff zu kriegen, vereinsamt jeder.

Beim ersten Eintritt in die Gruppe ist diese Isolierung plötzlich zu Ende. Zumeist ist der Neuling überwältigt von drei Erfahrungen: Er wird angenommen, wie er ist. Die Gruppe signalisiert Hoffnung. Er lernt mit einfachen Tricks, seine Lage zu erleichtern.

Für mich begann mit der ersten Gruppensitzung ein seltsamer Prozeß von Anziehung und Wiederdistanzierung. Sobald ich bemerkte, daß ich anfing, mich mit meinen neuen Freunden zu identifizieren, errichtete ich neue innere Barrieren. Wie die redeten, mochte mir ja gefallen, was die sagten, mochte mir bekannt vorkommen. Aber ihre Erklärungen und Rezepte schienen mir denn doch allzu seicht. Kalendersprüche, Pipikram, verhaltenstherapeutische Binsenweisheiten. Wer weiß das nicht? Ich wußte alles. Tagelang, nächtelang hatte ich mir schließlich den Kopf zerbrochen über mich und mein Leben. Ich hatte studiert, gelesen, Therapien durchprobiert. Der Erfolg? Alles Scheiße.

„Da ist keiner, außer er sei zu intellektuell, der die Anonymen Alkoholiker nicht begreifen könnte", sagt Walther Lechler, langjähriger Chefarzt der Psychosomatischen Klinik in Bad Herrenalb, einer der nichtabhängigen Wegbereiter für AA in Deutschland. Für einen Intellektuellen hielt ich mich. Mit ihrer „nonverbalen Sprache des Herzens" sollten die AAs mir vom Leibe bleiben.

So habe ich lange gedacht. Hatte Vorbehalte, hinterfragte. Dann traf ich Erich in einer Gruppe, nur einmal. Der war viel intellektueller als ich. Er sah aus und redete wie Bert Brecht: Cäsarfransen, Lederjacke, randlose Brille, geklaute Gescheitheiten aus allen Kulturkreisen.

Erich war spitzfindig, witzig, sarkastisch. Er wußte alles über AA, alles über Alkoholismus, alles über Therapien. Er glaubte nichts. Jeden Satz fing er mit „Ja, aber" an. Drei Wochen später war er tot. Leberzirrhose. Auf einer Parkbank haben sie ihn gefunden. Seine Todesanzeige begann mit den Worten: „Plötzlich und unerwartet..."

Was immer einer an Vorbehalten in die Gruppe mitbringt, sie werden nicht erwidert. Ob er betrunken kommt oder nicht, er ist willkommen. „Wie heißt du mit Vornamen? Willst du von dir was erzählen?" sind die einzigen Fragen, die ihm zugemutet werden. Viele versichern ihm: „Schön, daß du da bist", und raten: „Hör einfach zu." Der Neue erfährt, daß er krank ist, nicht haltlos und schlecht. Mancher hört das zum erstenmal.

Kein AA-Neuling muß sagen, wer er ist, was er macht und wo er wohnt. Er braucht kein Aufnahmeritual zu überstehen, keine Formulare auszufüllen, keinen Beitrag zu bezahlen und keine

Verpflichtung abzugeben. Daß er den Wunsch hat, mit dem Trinken aufzuhören – einzige Voraussetzung zur Teilnahme bei AA –, entnimmt jeder der Tatsache, daß er da ist. Alle wissen von sich selbst, wie schwer sie den Weg in die Gruppe gefunden haben.

Für die Neuen ist diese Annahme ohne Bedingungen eine große Entlastung. Erwin aus Frankfurt staunt noch nach Jahren: „Die wollten nichts von mir. Ich verstand nicht viel, aber ich war ganz sicher, daß sie alles von mir verstanden. Mehr als ich selbst." Sie legen ihm nahe, auch zu den Blaukreuzlern oder Guttemplern zu gehen: „Vielleicht gefällt's dir da besser."

Oder sie empfehlen, eine andere AA-Gruppe zu besuchen. Alle sind ähnlich, alle gleichwohl anders – „wie Fingerspitzen mit verschiedenen Fingerabdrücken", schreibt Nan Robertson. Nicht einmal dieselbe Gruppe präsentiert sich in jedem Meeting gleich: Zusammensetzung, Thema, Stimmung schwanken von mal zu mal. Die Faustregel für den Neuen heißt deshalb: Mindestens zu zehn Meetings gehen, erst dann urteilen.

Wie immer ein Neuling aber die AA-Gruppen erleben mag – als Alkoholiker ist er liebevoll akzeptiert. Fassungslos merkt Ulrike aus Hamburg, daß sie ihr Zittern nicht verstecken muß. „Sie hatten mir Kaffee hingestellt, aber mir wackelten die Hände so, daß ich die Tasse nicht hochkriegte. Mein Nachbar grinste und flüsterte mir ins Ohr: ‚Versuch's doch mit beiden Händen, das haben alle hier gemacht.'"

Neue, die zuvor nicht in Therapie waren und die mit Entzugserscheinungen oder noch „zu" in ihr erstes Meeting kommen, haben oft das Gefühl, sie seien die einzigen Alkoholiker im Raum. Keiner wirkt verwahrlost. Alle sind gut gekleidet, haben klare Augen und labern nicht. Vor allem staunte Heike aus Göttingen: „Mein Gott, die konnten ja lachen."

Das ist ein hoffnungsvoller Schock. Offenheit, Herzlichkeit, Ehrlichkeit und Ruhe sind Begriffe, mit denen Neulinge ihre ersten Eindrücke von der Gruppe beschreiben. Einige freilich, wie Sigrid aus H., fühlen sich ausgeschlossen von einer Clique Eingeweihter. Sie ist dann zu einer anderen Gruppe gegangen.

Vier von zehn Neulingen, so sagen amerikanische Statistiken, bleiben nach dem ersten Versuch ganz weg. Das ist ein erheblicher Prozentsatz, er sagt aber mehr über die Schwierigkeiten von Alkoholikern, den Absprung zu kriegen, als über die Untauglichkeit des AA-Konzepts. Selbst in den Vereinigten Staaten, wo über 7000 Kliniken sich auf Alkoholismus spezialisiert haben und AA verbreiteter und renommierter ist als in jedem anderen Land – selbst dort sucht nur einer von fünfzehn kranken Alkoholikern irgendeine Form von Hilfe.

Die Scham der Trinkenden ist groß, der Schock der Offenheit in den Gruppen um so überwältigender. Anders als es manche aus Zwangsaufenthalten in Landeskrankenhäusern gewohnt sind, schiebt in den AA-Gruppen keiner die Schuld an seinem Trinken auf andere. Mit einer zugleich erschreckenden wie befreienden Ungeschminktheit sprechen die AAs über ihre Trinkzeit, die sie in Schuld und Isolation geführt hat; oft in Arbeitslosigkeit, in die Klapse oder in den Knast.

Inzwischen bin ich 29 Jahre dabei, habe in vielen hundert Meetings gesessen: Mit einem einzigen AA-Freund in der Stadt, in der ich einst zur Schule ging, mit Hunderten während der Olympischen Spiele in Los Angeles, mit Tausenden in Montreal. Von Zuhältern und Verkäuferinnen, Bergleuten, Krankenschwestern, Kellnern, Schornsteinfegern, Sängerinnen, Obstverkäufern und Krimi-Schreibern habe ich leben gelernt. Durch Zuhören. Ich begriff, daß ich von der Realität so weit weg gewesen war wie Friedbert, der Theologe: „Jeden Kirchenvater konnte ich zitieren ohne nachzuschlagen. Aber verreckt wäre ich fast, weil ich nicht mehr wußte, hinter welchen Folianten ich meinen Flachmann versteckt hatte."

Ich hörte nicht auf zu denken, ich dachte anders. Ich mühte mich zuzuhören. Ich versuchte die Person zu akzeptieren, auch wenn ich ihre Meinung für bekloppt hielt. Ich merkte, daß Solidarität und Toleranz für mich nur Worte gewesen waren.

Es fällt mir oft noch heute schwer, diese Begriffe in Taten umzusetzen. Aber im selben Boot lernt es sich leichter. Und umlernen mußte ich. An den Gräbern der Freunde, die es nicht wahr-

haben wollten, ist es mir jedesmal wieder brutal ins Bewußtsein geraten, siebenmal in einem dutzend Jahren: Vergiß nie, daß du dazu gehörst, wie gut oder schlecht es dir auch gehen mag. Auch muß ich ja nicht alle lieben bei AA, mich liebt auch nicht jeder. Im Suff habe ich das freilich geglaubt.

„Nur du allein schaffst es", sagen sie, „aber du schaffst es nicht allein." Das ist auch so eine Kalenderweisheit. Sie stimmt. Ich habe es erlebt.

Nie mehr trinken, nie. Nicht in drei Jahren, nicht in zehn, nicht in vierzig. Keiner, der aufhören will, hält diese Vorstellung aus; nicht an Silvester, nicht zum Geburtstag, nicht zur goldenen Hochzeit. „Heute nicht", setzt AA dagegen, „nur für heute will ich leben." Und: „Laß das erste Glas stehen." Kleine Schritte, einfache Faustregeln – das ist die wichtigste Hilfe für den AA-Neuling, der aus dem Kampf mit der Flasche aussteigen will. Sie halten auch viele bei der Truppe, die schon lange dabei sind.

AAs geben einander keine direkten Anweisungen. „Ratschläge sind auch Schläge", das haben sie bis zum Überdruß erfahren. Daß die Neulinge keinen Bedarf mehr haben an Bescheidsagern, wissen ältere AAs aus ihrer eigenen Vergangenheit. Wie oft sind ihnen Angehörige, Freunde oder Vorgesetzte früher, als sie noch um kontrolliertes Trinken kämpften, mit ihren Tips auf die Nerven gegangen: Trink nicht so schnell, nicht alles durcheinander. Reiß dich zusammen. Denk an deine Kinder. Als wenn sie nicht alles tausendmal versucht hätten.

Jetzt erzählen sie nur von sich, wie Axel aus Berlin, der fast trotzig sagt: „Det Drama in dieset meeting, det bin icke." Dennoch sind ihre Erlebnisse eindringliche Empfehlungen für die Zuhörer in der Gruppe: das Wichtigste zuerst. Eins nach dem andern. Eile mit Weile. Eine Nummer kleiner, bitte. Werde nicht zu hungrig, zu wütend, zu einsam, zu müde, zu irgendwas. Es ist immer das erste Glas, mit dem das Saufen beginnt, nicht das sechste oder siebte. Bevor du wieder das Glas hebst, heb den Telefonhörer und ruf einen Freund an. Und vor allem: Komm wieder.

4. „Geglückte Kettenreaktion"

Bill und Bob – die Geschichte von AA

Müde war ich, hungrig, wütend und einsam – alles, was ein Alkoholiker, der trocken bleiben will, besser nicht ist. Unruhig lief ich im Hotel „Carmino Real" in Mexico City hin und her. Eine hektische Arbeitsphase von vier Wochen war ziemlich unerfreulich zu Ende gegangen. Aufgestaute Wut entlud sich in Streitereien mit Kollegen und in Selbstmitleid.

Nicht daß ich saufen wollte, aber Gefühle der Enttäuschung und Leere, Heimweh und Müdigkeit ließen mich immer gereizter an den drei Bars des Hotels vorüberstreichen, wo Freunde und Kollegen ihren Frust in Whisky und Bier ertränkten. Nicht mal auf ein Zimmer konnte ich flüchten. Wegen Überfüllung des Hotels mußte ich es mit einem Freund teilen. Und mit dem war ich auch schon wegen einer Bagatelle aneinander geraten.

Da blieb nur eins – AA. Nach einigem Gestotter am Telefon mit dem spanisch sprechenden Freund in der Kontaktstelle schaltete sich eine Freundin ein, die Englisch sprach. Es war zehn Uhr abends am Sonntag, dem 29. Juni 1986. Doch, es gäbe noch ein Meeting in Mexico City, doch, auch noch um diese Zeit. Sie nannte mir eine Adresse, und dann fuhr ich fünfzig Minuten durch die Riesenstadt in die Alfonso Rey, eine stille Seitenstraße. Dort standen in der Dämmerung vier Mexikaner winkend am Straßenrand: Raoul, Mañuel, Iñez und Sergio, alle sprachen Englisch. Die Freundin aus der Kontaktstelle hatte sie benachrichtigt.

Im größten Raum einer alten Villa war ein Meeting im Gange. Die vier führten mich aber hindurch in den Garten, stellten mir eine Kaffeetasse hin und sagten nur: „Erzähl." Eigentlich, war mir schon im Taxi klargeworden, hatte ich gar nichts zu erzählen, keine dramatische Krise, nur lauter ärgerlichen Kleinkram, der ein Gefühl innerer Unsicherheit ausgelöst hatte. Ich stotterte rum. „Du bist einsam und verletzt", nickte Mañuel, „entspann dich." Sie sprachen von sich, von ähnlichen Schwierigkeiten auf Reisen, sehr behutsam, sehr liebevoll. Ich spürte, wie sehr sie sich um mein Wohlergehen sorgten. Es tat mir gut.

Was dann geschah, ist Außenstehenden schwer zu vermitteln. Viele sind befremdet, wenn sie Geschichten über die intensive persönliche Offenheit in AA-Gruppen hören. Aufgewachsen und erzogen in einer Welt, in der jeder seine Verletztlichkeit versteckt und mit Fremden allenfalls eine Diskussion über Sachverhalte riskiert, erschrecken oder genieren Erzählungen über die engen emotionalen Beziehungen, die zwischen Wildfremden in den Gruppen entstehen können. Sie nennen gern kitschig und sentimental, was wohl das spirituelle Geheimnis der Anonymen Alkoholiker ist. Sei's drum. Ich will versuchen die Geschichte so zu erzählen, wie ich sie in Erinnerung behalten habe. Für mich ist sie Realität und typisch für AA:

Nach einer Weile schlug Sergio vor, nun sollte ich mich einfach ins Meeting setzen und zuhören. „Aber ich verstehe kein Spanisch", sagte ich. „Hör mit dem Herzen", mahnte da Iñez, „laß die positive Energie an dich ran." Zögernd ging ich in den Meeting-Raum, wo etwa zwanzig Freunde einem jungen Mann lauschten, der sich völlig verspannt hinter einem Podium verschanzt hatte und sich an seiner Zigarette festzuhalten schien. Es war nun fast Mitternacht. Er sprach stockend, das Gesicht weiß und flach vor Anstrengung. „Das ist Jorge", flüsterte mir Mañuel zu, „er ist Polizist. Seit er nicht mehr säuft, hat er nur noch Ärger mit seinen Streifenkameraden und zu Hause."

Ich setzte mich vor Jorge auf einen freien Stuhl und hörte ihm zu. Seine Anspannung, seine Ohnmacht, seine Ratlosigkeit, sein Zorn sprangen fast körperlich auf mich über. Ja, so fühlte ich mich auch. Aber ich spürte auch seine Entschlossenheit, nicht wieder zu trinken. Erst quälte er die Worte heraus, doch nach und nach wurde seine Rede flüssiger. Aus dem Auditorium munterten ihn halblaute Zurufe auf. Nach einer Viertelstunde lächelte Jorge zum erstenmal, und ich merkte plötzlich, daß sich auch mein Gesicht zu einem Grinsen entspannte. Es kam mir aufgesetzt vor, als hätte ich ihm sein Lachen gestohlen. Aber es

38

erleichterte mich doch. Weitere zehn Minuten später rollten
Jorge Tränen über die Wangen. Ich weinte auch, befreit.

Als er geendet hatte, kam er ganz selbstverständlich zu mir
und umarmte mich. „Jorge, Junge", sagte ich auf deutsch, „ich
habe kein Wort verstanden und alles kapiert." – „Sí", strahlte er,
„sí, sí, sí, amigo." Neben Iñez, Mañuel, Sergio und Raoul stand
er dann am Straßenrand, als ich zurückfuhr. „Komm wieder,
wenn du in Schwierigkeiten bist", riefen sie mir nach: „Hier ist
AA, hier ist zu Hause."

Im Hotel stritten die Kollegen noch immer, als ich zurückkam.
Jetzt waren fast alle besoffen.

AA ist ein Netz, verläßlich für jeden Alkoholiker, der sich hin-
einfallen läßt. Der Finanzmakler William Griffith Wilson aus
New York, damals 39, hat 1935 die erste Masche geknüpft in
einer Situation, die äußerlich der des Autors 51 Jahre später
glich. Wilson ahnte, was alle Freunde nach ihm wissen und dank
seiner Erfahrung und Tatkraft in aller Welt weiterleben: daß
trocken bleiben kann, wer mit einem Leidensgenossen über seinen Suff und seinem Suchtdruck redet.

Bill Wilson hatte geschäftlich zu tun in der Provinzgroßstadt
Akron im amerikanischen Bundesstaat Ohio. Sein Projekt
schlug fehl. Unruhig rannte er im Foyer des „Mayflower Hotel"
auf und ab, von der Bar an einem Ende der Halle zum Aushang
der Kirchen am anderen. Bill Wilson wußte, daß er Alkoholiker
war. Ein hoffnungsloser Fall, sagten die Ärzte nach 43 statio-
nären Entzugsbehandlungen. Doch seit sechs Monaten hatte er
nicht getrunken.

Aus der Bar drang Gelächter. Sollte er sich auf ein Ginger
Ale hineinsetzen? Oder ein, zwei Gin riskieren? Bill Wilson
wackelte. Seine derzeitige Trockenheit verdankte er der Oxford-
Bewegung, einer religiösen Gruppe, in der auch andere Trinker
aufzuhören versuchten. Jetzt brauchte er ein Gespräch, am besten mit seinesgleichen. Doch er kannte keinen in Akron. Er rief
einen Geistlichen an.

Über dessen Vermittlung gelangte Bill an Bob, den Chirurgen
Dr. Robert Holbrook Smith, der 55 Jahre alt war. Leider lag er

zur Zeit des Anrufs volltrunken unter dem Küchentisch, weder gesprächsfähig noch gesprächsbereit. Auch Bob galt als hoffnungsloser Fall. Nur mit Mühe konnte seine Frau den Chirurgen am nächsten Tag bewegen, zum Treffen mit Bill zu fahren. „Aber fünfzehn Minuten von diesem Unsinn sind das Äußerste", knurrte er. Das Gespräch dauerte über fünf Stunden.

Den Arzt beeindruckte, wie er später schrieb, daß Bill „das erste menschliche Wesen war, mit dem ich je über Alkoholismus geredet hatte, der aus eigener Erfahrung wußte, worüber er sprach. Mit anderen Worten, er redete meine Sprache. Er wußte alle Antworten, und gewiß hatte er sie nicht aus Büchern." Bob beschloß auf der Stelle, nicht mehr zu trinken.

Doch bei einem Ärztekongreß in Atlantic City fiel er drei Wochen später noch einmal um. Er soff bis zur Bewußtlosigkeit. Drei Tage brauchten seine Frau und Bill, um ihn wieder durchzubringen. „Als ich zu mir kam", erzählte Bob später, „fand ich mich im Heim eines unserer Freunde. Bill kam herüber und brachte mich nach Hause und gab mir an diesem Abend ein oder zwei Glas Scotch und am nächsten Morgen eine Flasche Bier. Das war am 10. Juni 1935, und seitdem habe ich keinen Alkohol, in welcher Form auch immer, mehr zu mir genommen."

Dieser Tag gilt als Gründungstag der Anonymen Alkoholiker. In München forderten zum selben Zeitpunkt deutsche Psychiater auf einem Fachkongreß, Alkoholiker gehörten ins KZ.

Mit der selbsterprobten Methode blieben Bill und Bob in den folgenden Jahren trocken und versuchten anderen Alkoholikern zur Nüchternheit zu verhelfen. Es war ein mühsames, oft enttäuschendes Unterfangen. Aber es ging.

Im AA-Archiv in New York hängt eine ziemlich rührselige Zeichnung, auf der zwei gutgekleidete Männer am Bett eines festgeschnallten und elend aussehenden dritten stehen. „Der Mann auf dem Bett" ist der Rechtsanwalt Bill D. aus Akron. Zwei Krankenschwestern hatte er je ein blaues Auge verpaßt. Er durchlitt gerade seine achte Entgiftung in diesem Jahr 1935.

Es war seine letzte. Als er durchkam, standen Bill und Bob mit ihrer simplen Botschaft neben ihm. Bill Wilson war sieben Monate trocken, Dr. Bob Smith gerade zwei Wochen. „Bald fingen wir an, von unseren Trinkerlebnissen zu erzählen", erinnerte sich der kranke Rechtsanwalt, „ich merkte schnell, daß die beiden wußten, wovon sie sprachen, denn man kann Dinge sehen und riechen, wenn man betrunken ist, die man sonst nicht wahrnimmt." Bill D. wurde AA Nummer drei. Er blieb trocken bis zu seinem Tod 1954.

Als Bill Wilson im Herbst dieses Jahres nach New York zurückging, hinterließ er in Akron eine Alkoholiker-Gruppe um Bob, der engagiert in den Krankenhäusern nach nassen Freunden suchte. Bill startete mit ein paar trockenen Trunkenbolden aus der Oxford-Gruppe und frisch entgifteten Patienten aus einer Brooklyn-Klinik, in der er selbst oft gelegen hatte, erste Meetings. Die ererbte Villa seiner Frau, die in einem Kaufhaus arbeitete, wurde zu einer Art offenen Trinkerheilstätte, ähnlich wie das Haus des Arztes Bob in Akron.

Rückfälle waren häufig. Einer brachte sich im Hause der Wilsons um, nachdem er sämtliche Kleidungs- und Wertgegenstände seiner Gastgeber versetzt und das Geld versoffen hatte. Dennoch gab Bill nicht auf. Er hatte auch nichts anderes zu tun: „Meine alten Geschäftsfreunde blieben nämlich skeptisch, so daß ich eineinhalb Jahr lang kaum Arbeit fand. Damals ging es mir nicht besonders gut. Wellen von Selbstmitleid und Groll überschwemmten mich." Er fand Trost in der evangelistischen Oxford-Gruppe, doch begann er sich zunehmend an ihren rigiden fundamentalistischen Formeln zu reiben. Die religiösen Eiferer wollten die Welt retten, Bill und Bob nur ein paar Säufer.

Mehr als vierzig waren es nicht nach zwei Jahren, bei denen die Botschaft wirkte – genug freilich für die beiden Gründer der Gemeinschaft, schon 1937 von einer „geglückten Kettenreaktion" zu sprechen, „die eines Tages die ganze Welt umspannen könnte".

Zunächst scheiterte jedoch ein Versuch, über den Multimillionär John D. Rockefeller jr. und seine Mitarbeiter Geld aufzubringen – für bezahlte Therapeuten und ein Alkoholiker-Krankenhaus. Die Rockefeller-Leute waren zwar beeindruckt von einem Meeting, fanden bei den trockenen Alkoholikern den „Geist der Christen des ersten Jahrhunderts", fragten jedoch am Ende warnend: „Würde Geld nicht alles kaputtmachen?"

Das hatten sich in der Tat auch schon eine Reihe der Mitglieder gefragt. Die zunächst enttäuschten Gründer, Bill Wilson vor allem, konzentrierten sich dann um so mehr auf die Aufgabe, die bisher gemachten Erfahrungen programmatisch in Buchform festzuschreiben und „der Welt" nahezubringen. Bill schrieb das Buch, in engem Meinungsaustausch mit Freunden, zwischen April 1938 und Januar 1939 in einer einfachen und kraftvollen Sprache. Eine Reihe von Lebensgeschichten untermauerten die Erfahrungen und das Programm. Die Gemeinschaft zählte zu diesem Zeitpunkt rund hundert Mitglieder. Fortan hieß sie so wie das Buch: „Alcoholics Anonymous".

Eigentlich sollte das Buch, nach dem Wunsch der Mehrheit der Gruppen, „Der Ausweg" heißen – „The way out". Es gab aber schon 25 Bücher mit diesem Titel. Die ersten 5000 Exemplare wurden auf extra dickem Papier gedruckt – bis heute heißt es deshalb bei den AAs in den Vereinigten Staaten „The big book". Es wurde zu einer Art Gemeinschafts-Bibel. In manchen US-Meetings wird es noch heute kapitelweise vorgelesen – jeder einen Satz – und mit eigenen Erfahrungen kommentiert. Schon Ende des Jahres 1939 waren 2000 Exemplare verkauft, 1983 überschritt der Verkauf die 4-Millionen-Grenze, 1985, zum 50. AA-Geburtstag, waren es über 5 Millionen.

Die Zahl der AA-Mitglieder wuchs innerhalb des Jahres 1939 ebenfalls auf 2000 an und erreichte mehr als 8000 Ende 1941. Den zweiten Schub bewirkte ein aufrüttelnder Artikel des äußerst skeptischen, ja zum Zynismus neigenden Reporters Jack Alexander, der am 1. März 1941 in der Saturday Evening Post erschien: „Befreite Sklaven des Trinkens – Jetzt befreien sie andere". Die Reaktion übertraf alle Erwartungen der Freunde um Bill und Bob – Briefe und Telegramme, erst Hunderte, dann Tausende. Anfragen, Hilferufe, Buch-Bestellungen, Leidensgeschichten. Schon am 4. März kamen 150 Leute in Bills Meeting, überall im Lande entstanden neue Gruppen.

1944 trafen sich in 360 Gruppen etwa 10 000 AAs von Küste zu Küste. Zum erstenmal erschien monatlich die AA-Zeitung

The Grapevine aus einem zentralen Dienstbüro in New York. Bill Wilson begann die bis dahin praktizierten, aber nirgends festgeschriebenen Regeln des AA-Zusammenlebens – Anonymität, kein Geld von außen, keine Einmischung in öffentliche Diskussion, Unabhängigkeit der lokalen Gruppen und bezahlter Dienst von Angestellten in einem zentralen Büro – in den Gruppen zu propagieren. Erst 1950 aber, auf dem ersten internationalen Kongreß (international, weil ein paar Iren teilnahmen), wurden sie akzeptiert – nicht als Vorschriften, Gesetze oder Regeln, sondern als „Traditionen".

Bob Smith starb im selben Jahr, Bill Wilson lebte bis 1971 – trocken, aber nicht allzu glücklich. Die Anonymität, die er für alle verfocht, blieb ihm in AA versagt. Jeder kannte ihn, jeder bestürmte ihn. Bis zur Peinlichkeit wurde er von AAs als Retter gefeiert. Bill war eine Kultfigur geworden, eine Rolle, die er heimlich vielleicht ebenso sehr gewünscht haben mag, wie er sie fürchtete. Zeitlebens hatte er ein ambivalentes Verhältnis zu Anonymität und Öffentlichkeit – auch darin vielleicht typisch für die Gemeinschaft insgesamt und viele ihrer Mitglieder.

Aber seine Forderung – Prinzipien über Personen –, der er sich letztlich auch stets selbst unterwarf, hielt stand. Die Anonymen Alkoholiker wuchsen weltweit über die Mythen von Bill und Bob hinaus. AA wurde nicht nur zum Überlebensretter für Alkoholkranke in aller Welt, sondern auch zu einem Modell der Selbsthilfe für Menschen in anderen existentiellen Lebenskrisen.

Mit sieben, acht Leuten hatte ich gerechnet, als ich im Dezember 1976 zum erstenmal meine spätere Stammgruppe besuchte. „Mittwoch, 20 Uhr, Gemeindehaus", stand in der Lokalzeitung: „Treffen der Anonymen Alkoholiker". Ich mußte mich fast mit Gewalt durch die Tür quetschen, so voll war es.

Etwa zwanzig Leute, zu etwa zwei Dritteln Männer, fast alle zwischen dreißig und fünfzig, drängten sich um einen Tisch. Ein paar hockten auf zusätzlich rein geschleppten Stühlen an den Wänden. Die Gruppe war bekannt in der Umgebung wegen eines besonders herzlichen und fürsorglichen Tons gerade gegenüber Neuen.

Zwei Jahre lang war ich jeden Mittwoch dabei. Ich fühlte mich wohl. Was „Kapitulation" und „Tiefpunkt" bedeuten, lernte ich gründlich. Weil immer Neue kamen, drehte sich das Gespräch fast ständig um den ersten Schritt des AA-Programms: „Wir gaben zu, daß wir dem Alkohol gegenüber machtlos sind und unser Leben nicht mehr meistern konnten."

Das hatte ich längst zugegeben, ohne Wenn und Aber. Aber wie „meistere" ich – was für ein anspruchsvolles Wort – mein Leben jetzt? Meist war für solche Themen keine Zeit.

Zusammen mit sechs, sieben anderen Freunden beschloß ich daher, zum Wachstum von AA beizutragen. Wir gründeten eine neue Gruppe. Bald waren wir auch da fünfzehn Leute, dann zwanzig, später oft über dreißig. Die alte Gruppe ist so stark wie eh und je. Mehr Frauen kommen inzwischen, mehr Jugendliche. Viele sind auch medikamentenabhängig. Und immer mehr sind arbeitslos.

Inzwischen können Neulinge bei uns längst jeden Tag in ein Meeting gehen – die amerikanische AA-Empfehlung für den Einsteiger, „Neunzig Meetings in neunzig Tagen", ist auch in Deutschland, zumindest in Großstadtnähe, eine reale Möglichkeit. Das Netz wächst.

Für mich ist es überlebenswichtig, daß ich immer das Verzeichnis dabei habe, in dem alle Orte und Zeiten enthalten sind, wo sich Freunde in Deutschland, Österreich und der Schweiz in Meetings treffen. Mein Beruf bringt es mit sich, daß ich viel reise. Und statt wie früher abends im Hotel an der Bar zu hocken, sitze ich jetzt in Gemeindehäusern, Kindergärten, Kirchenbasements – nicht bei Fremden, sondern bei Freunden, die ich noch nicht kenne. Diese AA-Behauptung ist, wie so viele, ebenso eingängig wie richtig.

Längst sind für mich viele der Vornamen im Kontaktheft keine anonymen Chiffren mehr, von denen ich nicht mehr weiß als ihre Telefonnummern und daß sie mein Problem teilen. Klaus in Westerland, Inge in Oldenburg, Herrmann in Bad-Honnef, Lothar in Wuppertal, Uschi in Stuttgart, Edgar in Berlin, das sind Menschen mit Gesichtern und Geschichten, die mir lieb geworden sind. Ein Netz persönlicher Freundschaften ist mir mit

AA zugewachsen, das weit über die Meetings hinausreicht. In San Diego und Lugano, im österreichischen Altmünster, in Madrid, Florenz und Paris – überall habe ich Freunde, auf die ich rechnen kann, nicht nur beim unverbindlichen Smalltalk und nicht nur in Phasen akuter Rückfallbedrohung.

Noch immer finde ich atemberaubend, wie dieses Netz entsteht und was es aushält. In einem Meeting in New York sitzt ein junger Mann neben mir, dem es sichtlich nicht gut geht. Er hat, erzählt er, gerade seinen Freund John, auch er ein AA, zum Flugplatz gebracht. John hat Krebs, er erhofft sich in einer Klinik in Deutschland Hilfe. Der Freund, der daran nicht glauben mag, fügt traurig hinzu: „Und nun liegt er in der Stadt X in Germany. Und ich weiß nicht einmal, ob es da AA gibt."

Es ist ein Rundgespräch, der nächste zu reden bin ich. „Ich heiße Horst", sage ich, „bin Alkoholiker und komme aus X in Germany." Der Freund kann es kaum fassen. Er nennt mir die Adresse der Klinik, gibt mir Johns vollen Namen, und ich rufe Freunde zu Hause an. John hatte nur noch eine Woche zu leben, aber in dieser Zeit besuchten ihn täglich Freunde, die er gar nicht kannte.

„Die Gruppe der Anonymen Alkoholiker", tönt es aus dem Autoradio in Namibia, dem ehemaligen Deutsch-Südwest-Afrika, „trifft sich am Mittwochabend in Windhuk", es folgen Ort und genaue Zeit. In der mexikanischen Provinzhauptstadt Queretero haben Freunde das Signal mit weißer Farbe quer über drei Fensterscheiben gepinselt: „Grupo Bill Wilson". Der gerahmte Gelassenheitsspruch signalisiert im Wartezimmer eines kanadischen Arztes, daß AA nicht fern ist. Auf der Stoßstange eines uralten Fords in Montevideo fordert ein Aufkleber: „Nur für heute". Gewiefte Hacker könnten in den USA sogar auf Computer-Meetings stoßen. Vor den Kurhäusern vieler deutscher Bäder lungern an jedem Montag, Mittwoch und Freitag um 20 Uhr auffällige Einzelgänger mit Informationsheften der AA herum – „AA-Bädertreff".

Die Zeichen für Eingeweihte sind überall. In New York, der AA-Hochburg, muß niemand lange suchen, um auf eines der

1800 Meetings zu stoßen, die dort pro Woche ablaufen. Aber auch im ehemaligen Ostblock breitet sich AA rapide aus. Polnische Vertreter sprachen schon auf dem Welttreffen in Montreal 1985 Grußworte, inzwischen gibt es zwischen Gdansk und Wrozlaw rund 1800 Gruppen; die Gemeinschaft ist in Polen fest etabliert. AA-Freunde aus Moskau, Budapest und Prag meldeten sich bereits im Mai 1991 auch auf dem Deutschlandtreffen der Anonymen Alkoholiker zu Wort, im Januar 1990 bekam das zentrale Dienstbüro in New York Nachricht, daß sich die erste Gruppe in Bulgarien gegründet habe.

Beim osteuropäischen AA-Diensttreffen in Warschau begrüßte im April 2002 der polnische Sprecher Andrzej bereits Delegierte aus Bulgarien, Tschechien, Estland, Kirgisien, Litauen, Lettland, Moldawien, Rumänien, Russland, der Slowakei, Ungarn, der Ukraine und Weißrussland.

In Russland, berichteten die Freunde aus Moskau, gebe es 270 Gruppen in etwa 100 Städten, die meisten in Moskau und St. Petersburg. Drei Jahre später schätzten deutsche AAs die Zahl der aktiven Mitglieder auf etwa 5000.

Ein amerikanischer Geistlicher habe für „Volodja und seine Freunde" die offizielle Genehmigung für Gruppen-Meetings erhalten, meldete die *New York Times* 1987. Eine Gruppe sowjetischer Ärzte hatte AA in New York studiert, amerikanische AAs und Suchtexperten trafen sich damals schon mehrfach mit sowjetischen Offiziellen, die große Vorbehalte gegen den scheinbar religiösen Charakter von AA hatten. Und natürlich fiel es den Funktionären schwer, die Abwehr der Gemeinschaft gegen jede staatliche Kontrolle hinzunehmen. Aber das Alkoholismus-Problem war damals in der UdSSR und ist heute in Rußland so bedrängend wie kaum irgendwo sonst: jeder dritte Russe ist alkoholkrank. Nach einer 2002 vom amerikanischen TV-Sender CNN veröffentlichten offiziellen russischen Statistik gelten mehr als 30 Prozent der Männer und 15 Prozent der Frauen als Alkoholiker. Seit Ende des Zweiten Weltkrieges, dem nach Schätzungen 30 Millionen Menschen zum Opfer gefallen sind, verlor das Land noch einmal 27 Millionen Menschen durch die Folgen des Alkohlmißbrauchs.

Der Schlüssel zu der Gemeinschaft im Osten ist die Zusammenarbeit zwischen den einzelnen Ländern. AA-Mitglieder aus Finnland führten Meetings in der UdSSR durch, viele Jahre lang, und in letzter Zeit waren es reisende amerikanische AA-Mitglieder, die ihre Erfahrungen mit den neuen Gruppen teilten, die in diesem Land entstanden. Die AA-Dienste Frankreichs helfen Rumänien durch den Versand von AA-Literatur, weil in Rumänien Französisch fast die zweite Sprache ist. Und das Gemeinsame Dienstbüro in New York veröffentlichte das Buch „Anonyme Alkoholiker" in russischer, tschechischer und ungarischer Sprache.

Auch die Deutsche AA-Gemeinschaft ist Ansprechpartner und Sponsor für viele osteuropäische Gruppen und Einzelpersonen geworden. In Tschechien etwa stellen deutsche und tschechische AAs die Gemeinschaft bei nationalen Veranstaltungen der staatlichen Gesundheitsklubs vor. Den Anstoß hatte Stanislaw gegeben, der viele Jahre in den USA und in Kanada gelebt und getrunken hatte, bevor er in seiner Heimat mit Hilfe der Gesundheitsklubs trocken wurde. „Nun", sagt er, „lerne ich, nach 19 Jahren Trockenheit, mit AA wieder leben." Stanislaw hatte das New Yorker AA-Büro um Unterstützung gebeten, die alarmierten die Freunde in München. 2002 gab es in zwölf Städten etwa 300 aktive AA-Freunde in Tschechien, die Hälfte davon in Prag.

Fünf Meetings in der Woche wurden in englischer Sprache abgehalten. In der Slowakei hatten sich 17 Gruppen etabliert.

Besonders aktiv waren die deutschen AAs natürlich, um die Gemeinschaft in der früheren DDR zu etablieren. Schon 1988 berichtete der Geschäftsführer Hans aus München, daß zehn Gruppen „unter dem Dach der Kirche von den staatlichen Stellen geduldet" würden. Im Etat der bundesdeutschen Zentrale waren jährlich 20 000 Mark für Literatur fest eingeplant, die unbeanstandet geschickt werden konnte.

Mit dem Fall der Mauer und der Vereinigung wurde AA auch in den neuen Bundesländern zu einer festen Größe. Inzwischen sind dort über 100 Gruppen gemeldet und die Gemeinschaft wächst stetig. In grenznahen Bereichen und um Berlin fahren AAs aus den alten Ländern nach „drüben", wie es oft noch heißt, um von ihren Erfolgen zu berichten und bei der Organisation von Gruppen zu helfen. Wenn in München brieflich Anfragen eintreffen, werden die Interessenten zu Informationstreffen eingeladen. Gruppen aus den alten Ländern übernehmen Sponsorschaften in den neuen.

Problemlos war die Ausbreitung freilich nicht. Der Münchner Hans fand, daß der Selbsthilfegedanke besonders schwer zu verbreiten sei in Gebieten, in denen bisher der Staat alles regelte. Eigenverantwortliches Leben im Sinne des AA-Programms war in der ehemaligen DDR ja nicht nur trocken gewordenen Säufern fremd. Daß die Gruppen sich selbst finanzieren müssen und daß sie die Literatur nicht mehr aus München umsonst bekommen, leuchtete anfangs vielen AA-Neulingen dort nur schwer ein. Freilich – Anfangsschwierigkeiten gehören zur Gemeinschaft wie zum Leben eines jeden, der versucht, vom Alkohol loszukommen. Die älteren AA-Brüder und -Schwestern aus dem Westen können abendfüllend erzählen, wie mühsam der Start in Deutschland war.

Angekündigt durch eine Zeitungsanzeige begannen die Anonymen Alkoholiker ihre Arbeit in der Bundesrepublik Deutschland am 1. November 1953 um 14 Uhr im Münchner Hotel Leopold. Amerikanische Soldaten und Offiziere hatten ein Meeting arrangiert, etwa zehn Deutsche waren gekommen.

Drei blieben übrig: Max, Heinrich und Kurt. Zusammen mit Master Sergeant Bob Sprague von der U. S. Air Force, der seit fünf Jahren bei AA war, hielten sie durch. Die Gruppe wuchs langsam, blieb zunächst unter sich.

Von Ausländern angeregt, von interessierten Ärzten und Pastoren unterstützt und aus der AA-Zentrale in New York mit Material versorgt, starteten einige Jahre später Gruppen in Karlsruhe (1960), Hamburg (1961), Düsseldorf und Berlin (1962).

Als 8000 trockene Alkoholiker im Mai 1983 in Frankfurt „30 Jahre AA in Deutschland" feierten, schickte der damalige Bundespräsident Karl Carstens dem Kongreß ein Glückwunschtelegramm und Walter Wallmann, zu der Zeit Oberbürgermeister der Main-Metropole, trat ans Rednerpult und dankte der „Gemeinschaft AA" für ihr „großartiges Engagement".

Feierliche Reden auch im Oktober 1986 in Karlsruhe, wo die AAs in der Stadthalle ihr 25 jähriges Jubiläum feierten: „Sechzehn Jahre nach der Kapitulation eines ganzen Volkes setzten sich in Karlsruhe Leute zusammen, die die eigene Kapitulation erlebt haben."

Viele hatten Tränen in den Augen, als der 92 jährige Pfarrer Heinz Kappes, der Deutschland 1935 verlassen mußte und nach Palästina ging, gestützt auf den Arm von Freddy, Alkoholiker und ehemals Stadtstreicher, das Rednerpult betrat. Minutenlanger Beifall für den alten Mann, selbsterklärter „religiöser Sozialist", der die Botschaft in den fünfziger Jahren aus den Vereinigten Staaten mitgebracht und am Weihnachtsabend 1961 im Dachgeschoß des Karlsruher Männerwohnheims verkündete.

Ob in den USA in den späten Dreißigern, in der Bundesrepublik in den Fünfzigern und Sechzigern oder in den sozialistischen Ländern in den späten achtziger Jahren: es ist immer der gleiche mühsame Weg, der von verzweifelten Selbsthilfeversuchen einzelner verkrachter Existenzen zu Respekt und – vielfach noch immer – skeptischer Anerkennung der Gemeinschaft AA führt. Und es sind stets die gleichen Schwierigkeiten zu überwinden, um aus der Einsamkeit des Suffs in die Gruppe zu finden, um dann als Gruppe zur zunächst losen Zusammenarbeit mit anderen Gruppen zu gelangen. Erst 1963 schaffte Harry aus Bad Reichenhall Ansätze für einen bundesweiten Kontakt mit einem Informationsblatt für alle deutschsprachigen Gruppen.

Nun ging es auch in Deutschland schnell. Im Dezember 1966 gab es 33 Gruppen, 1975 waren es fast 500. Fünf Jahre später schätzte AA, daß 23 000 Trinker in 1380 Gruppen um ihre Nüchternheit rangen. Und auch bei derzeit 2800 Gruppen glaubt AA-Geschäftsführer Günter in München nicht an mangelnde Nachfrage. Im Gegenteil: „Das Interesse wächst, weil durch die Gesundheitsreform viele in die Selbsthilfe getrieben werden. Wir müssen uns anstrengen, denen gerecht zu werden."

Nach den Erfahrungen von Bill Wilson und Bob Smith sowie

Hunderttausenden nach ihnen bedeutet der Schritt zu AA, daß der um kontrolliertes Trinken ringende Alkoholiker begriffen hat: er ist am Ende. Er hat den Tiefpunkt seines Säuferlebens erreicht und kapituliert. AA empfängt ihn mit einer paradoxen Botschaft: „Wer aufhört zu kämpfen, hat Chancen zu gewinnen."

5. „Wir geben zu, daß wir dem Alkohol gegenüber machtlos sind"

Kapitulation, Wiedergeburt und „Zwölf Schritte"

Ich fürchte mich, wenn ich von meinem Leben erzähle, immer vor der Stelle, an der ich morgens um neun allein in meinem Sessel hänge, geschüttelt vom „Mandolinenfieber", gerüttelt vom „Flattermann". Ich fürchte mich nicht nur, weil ich mich ekle vor diesem grauen, stinkenden, jammrigen Stück Scheiße, zu dem ich verkommen bin. Ich habe auch Angst, weil ich weiß, daß ich immer aufs neue ins Stocken gerate an diesem Punkt. Weil ich „irgendwie" sage und „ich weiß nicht, warum" an einer Stelle, an der ich dringend etwas zu erklären hätte.

Es ist der Augenblick, an dem ich die zweite Flasche Schnaps an diesem Morgen öffne. Die erste habe ich seit fünf Uhr getrunken, um mich wenigstens anziehen zu können. Ich will zur Arbeit, aber die Flasche ist leer, und ich schaffe es nicht. Ich habe entsetzliche Angst. Ich muß zur Arbeit, es hat doch sonst noch immer funktioniert. Mühsam schleppe ich mich in den Keller, die zweite Flasche holen. Ich will nicht, kotze trocken und schreie: „Nein, nein, nein." Aber ich gehe weiter, finde das Zeug und krieche zurück. Das letzte Stück auf allen vieren. Zitternd drehe ich den Korken raus.

Und dann? Dann ist es ganz still. Um mich herum und in mir drin. Meine Hand ist auf einmal völlig ruhig. Langsam stelle ich die Flasche auf den Tisch und sage laut und klar: „Nein. Die nicht mehr."

Kapitulation. Alles ist plötzlich ganz einfach. Alle Fragen reduzieren sich auf eine Alternative: leben oder verrecken. Kein Warum mehr. Keine Ausrede, keine Beschönigungen. Wenn ich weitertrinke, habe ich keine Chance. Ich wanke zum Telefon und melde mich in einer Klinik an, über deren düstere Prophe-

zeiungen ich noch bis gestern gelacht hatte: Wenn ich Glück hätte, hatten mir die Ärzte kühl mitgeteilt, würde ich so hart auf die Schnauze fallen, daß ich noch wach würde, bevor ich krepierte.

Ganz leer fühle ich mich, als ich zum Sessel zurückkrieche, leer und leicht. Dann setze ich mich wieder vor die geöffnete Flasche. Ich rühre sie nicht an, starre nur drauf.

Irgend etwas ist geschehen. Als ich es später meiner Frau erzähle, sage ich nicht, daß ich nicht mehr trinken will. Ich sage: „Ich kann nicht mehr." Sie glaubt mir. Sie glaubt mir zum erstenmal seit Jahren.

Es ist für einen alkoholkranken Trinker eine Sache, zu wissen, daß Alkoholismus eine tödliche Krankheit ist. Es ist aber eine sehr andere, dieses Wissen als eine die Existenz bis auf den Grund erschütternde Erfahrung zu erleben, sich eingestehen zu müssen, daß man tatsächlich mit seinem Leben gescheitert ist – körperlich, seelisch, geistig, sozial. Da stirbt etwas.

Das zu akzeptieren, bedingungslos, mutet AA aber seinen Mitgliedern zu. Wer überleben will, muß kapitulieren, zunächst vor der Flasche, dann aber auch vor seiner bisherigen Lebenskonzeption. Wer trocken bleiben möchte, wird sein Leben von Grund auf ändern müssen.

Voraussetzung für diese totale Lebenswende ist, sagen die Anonymen Alkoholiker, daß einer an seinem „Tiefpunkt" angekommen ist. Viele AAs wissen schauerliche Geschichten zu erzählen von Verbrechen, Unfällen, Wahnvorstellungen und Selbstmordversuchen, von schockierenden Erlebnissen in Gefängnissen und Irrenhäusern, in Bordellen und Spelunken, die ihnen am Ende die Augen öffneten, daß es so nicht weitergehe. Das irritiert manche, die verborgen in ihren vier Wänden getrunken haben, Frauen vor allem. „Ich habe immer gedacht, ich müsse erst in die Gosse, um aufhören zu können", sagt Hildegard aus Berlin, „bis ich gemerkt habe, daß ich die Gosse längst in mir habe."

Seit Alkoholismus nicht nur von den AAs, sondern auch in der Gesellschaft als Krankheit akzeptiert wird; seit Symptome und Ablauf der Krankheit bekannter sind, die Folgen abschätzbar, Therapiemöglichkeiten weniger tabuisiert – seither wird in den Gruppen der Tiefpunkt nicht mehr so rigide am Ausmaß der äußeren Verwahrlosung gemessen. Viele kommen, früher alarmiert und daher äußerlich scheinbar unversehrt, aber mit kaum minderer Verzweiflung in die Meetings als jene, die den Weg durch den Dreck erst zu Ende gehen mußten. Auch sie können an ihrem Tiefpunkt angelangt sein.

Gemeint ist ein innerer Zustand. Er liegt in der Seelenlandschaft, bezeichnet nicht immer konkreten sozialen Abstieg. Daß seine kleine Tochter sagt: „Papa, du stinkst", das ist für Klaus aus Augsburg Tiefpunkt genug, signalisiert ihm das Ausmaß seiner Verwahrlosung. „Das war nach Papa und Mama das erste, was sie sagen konnte", schluchzt er: „Du stinkst."

Warum Klaus dann loslassen kann, warum er aufhört mit seinen quälenden Versuchen, kontrolliert trinken zu wollen, ist Außenstehenden kaum zu vermitteln. Was ist geschehen? fragen sie. „Vielleicht hat einer den Schalter rumgedreht", sagt Klaus.

Ärzte und Therapeuten, die – wie Walther Lechler – ihre Arbeit auf das AA-Programm abgestellt haben, bezeichnen die Kapitulation als „eine Form des Abschiednehmens, des Sterbens, die Aufgabe einer Existenz, um in eine neue überzugehen". Konrad Stauss, Chefarzt einer psychosomatischen Klinik in Grönenbach, spricht von „Ego-Mord" und „Wiedergeburt".

Tatsächlich beschreiben fast alle bei den AAs trocken gewordenen Alkoholiker ihr Loslassen als eine Art Sterben, den Beginn ihrer Trockenzeit als meinen „richtigen Geburtstag". Viele bringen zur Feier ihrer Jahrestage Kuchen mit in die Gruppe, andere laden AA-Freunde zu einer Feier ein.

Ich habe in den folgenden Jahren viele Stunden damit verbracht, den Augenblick meiner Kapitulation möglichst genau wieder heraufzubeschwören. Vieles bleibt in einem furchterregenden Nebel – aber die Erkenntnis des absoluten Scheiterns, sonderbar verbunden mit einer ungeheuren Erleichterung, die steht mir noch klar vor Augen.

*Ich hatte mich bei meinem Versuch, mich arbeitsfähig zu trin-
ken, in eine meiner üblichen Tiraden des Selbsthasses hinein-
gesteigert. Ich war allein zu Hause, redete laut mit mir, warf mir
Willensschwäche und Versagen auf der ganzen Linie vor. War
nicht meine Frau gegangen und hatte die Kinder mitgenommen?
Waren nicht meine Leberwerte miserabel, meine Bauchspeichel-
drüse kaputt, meine Sehfähigkeit eingeschränkt? Mehrten sich
nicht die Anzeichen, daß ich in meiner Firma rausfliegen würde?
Was für ein Scheißleben, was für ein Versager ich doch war.*

*Seit zwei Jahren beschäftigte mich die Idee des Selbstmordes
nahezu unentwegt. Viermal schon hatte ich ernsthaft versucht,
mich umzubringen, ganz zu schweigen von den lachhaften
Bemühungen, mir mit dem Kamm die Pulsader aufzukratzen.
Grotesk. Eine komische Nummer war ich. Ein Versager – unfähig
zu leben, unfähig sogar, mich zu töten. Es war dieser Gedanke,
der die Wende brachte: Zu dämlich, um mich umzubringen, zu
feige, um Ernst zu machen. Immer schneller kreisten meine wir-
ren Überlegungen um diesen Punkt. Warum? Warum nicht?*

*Und plötzlich wußte ich es, wußte es so klar wie nie zuvor:
weil ich gar nicht sterben wollte. Ich wollte nur so nicht mehr
leben. Im nachhinein mag das alles viel logischer klingen, als es
damals ablief. Aber nie mehr hat mich seither die Erinnerung an
diesen Augenblick verlassen: Nein, ich wollte nicht sterben. Aber
um leben zu können, mußte Schluß sein mit dem Suff.*

Das Wort „Alkohol" taucht im Programm der Anonymen Alkoholiker nur im ersten Satz auf. Der Rest beschäftigt sich mit
dem Genesungsweg: dem Leben in zunehmender Nüchternheit.
Die „Zwölf Schritte" der AA lauten:

1. Wir gaben zu, daß wir dem Alkohol gegenüber machtlos sind – und
   unser Leben nicht mehr meistern konnten.
2. Wir kamen zu dem Glauben, daß eine Macht, größer als wir selbst,
   uns unsere geistige Gesundheit wiedergeben kann.
3. Wir faßten den Entschluß, unseren Willen und unser Leben der
   Sorge Gottes – wie wir ihn verstanden – anzuvertrauen.
4. Wir machten eine gründliche und furchtlose Inventur in unserem
   Inneren.

5. Wir gaben Gott, uns selbst und einem anderen Menschen gegenüber unverhüllt unsere Fehler zu.
6. Wir waren völlig bereit, all diese Charakterfehler von Gott beseitigen zu lassen.
7. Demütig baten wir ihn, unsere Mängel von uns zu nehmen.
8. Wir machten eine Liste aller Personen, denen wir Schaden zugefügt hatten und wurden willig, ihn bei allen wiedergutzumachen.
9. Wir machten bei diesen Menschen alles wieder gut – wo immer es möglich war –, es sei denn, wir hätten dadurch sie oder andere verletzt.
10. Wir setzten die Inventur bei uns fort, und wenn wir unrecht hatten, gaben wir es sofort zu.
11. Wir suchten durch Gebet und Besinnung die bewußte Verbindung zu Gott – wie wir ihn verstanden – zu verbessern.
Wir baten ihn nur, seinen Willen für uns erkennen zu lassen und um die Kraft, ihn auszuführen.
12. Nachdem wir durch diese Schritte ein geistiges Erwachen erlebt hatten, versuchten wir, diese Botschaft an Alkoholiker weiterzugeben und unser tägliches Leben nach diesen Grundsätzen auszurichten.

Dieses Programm der Zwölf Schritte enthält keine Regeln oder Gebote, nur Empfehlungen, gegründet auf die Erfahrungen der ersten AAs. Inhaltlich und sprachlich sind sie gefärbt durch die Prägung der AA-Gründer in der Oxford-Bewegung, von deren autoritären Gottesvorstellungen und öffentlichen Bekenntnismethoden Bill Wilson und Bob Smith sich schon abgestoßen fühlten, als sie das Programm formulierten.

Dennoch ist das AA-Programm auch im Gehalt nicht nur eine therapeutische Methode, sondern mit seinem Ausstieg aus dem kausalmechanistischen Weltbild der modernen Wissenschaft eindeutig spirituell geprägt. Es enthält nicht nur die Grundelemente der psychotherapeutischen Schulen, es greift auch auf die eiserne Ration aus dem Gedankengut aller großen Religionen zurück. Bill Wilson, der die aus seinen und seiner Freunde Erfahrungen gewonnene Überlebensbotschaft im Bett liegend in einer Nacht niederschrieb, wußte, daß die ebenso einfach wie umfassend sein mußte: „Sie darf nicht eine einzige Lücke enthalten, durch die sich ein rationalisierender Alkoholiker davonschlängeln kann."

Herausgekommen ist ein Programm, das weder unverbindlich ist noch dogmatisch. Eine AA-Freundin bringt es auf drei

einfache Formeln: „Sei ehrlich. Ändere dich. Hilf anderen."
Aber die wollen nicht gesprochen, sondern gelebt sein. In der
Praxis bleibt es jedem Anonymen Alkoholiker überlassen, wie
er die Zwölf Schritte interpretiert und nutzt.

Doch die Bilanz, mit der die Bill Wilson schon 1939 das Programm in seinem Buch einleitet – und die reichlich vermessen
klingt nach nur vier Jahren Trockenheit und bei ganzen hundert
Gemeinschafts-Mitgliedern –, ist ein halbes Jahrhundert später
millionenfach bestätigt: „Selten haben wir jemanden gesehen,
der gescheitert ist, obwohl er unseren Weg gewissenhaft gegangen war. Nicht zur Genesung gelangen diejenigen, die sich nicht
ganz in dieses einfache Programm einbringen können oder wollen."

Fünf Jahre nach der Niederschrift der Zwölf Schritte hat Wilson in einem Vortrag vor Fachärzten in New York indes
deutlich gemacht, daß sich hinter der Schlichtheit des AA-Programms eine anspruchsvolle Kombination von Ansätzen verbirgt. Er sagte:

„Die AA verfolgen ausschließlich ein Ziel – ihren Hauptzweck-, anderen Alkoholikern zur Nüchternheit zu verhelfen.

Dabei möchten wir von allem Anfang an doch klarstellen, daß AA
ein synthetischer Begriff ist, eine künstliche Zusammenfassung gewis-
sermaßen aus den Hilfsquellen der Medizin, der Psychiatrie, der Religion und aus unserer ureigenen Erfahrung mit dem Trinken und in
der Heilung davon. Sie werden vergeblich nach einer einzigen neuen
Grundwahrheit suchen. Wir haben nur alte erprobte Grundsätze der
Psychiatrie und der Religion solcherart neu- und umgestaltet, daß der
Alkoholiker diese akzeptieren kann. Und dann haben wir eine Gesellschaft eigener Prägung damit geschaffen, in der er mit Begeisterung gerade diese Grundsätze an sich selbst und bei anderen Leidenden in An-
wendung bringen kann.

Sodann haben wir versucht, nach besten Kräften aus unserem einen
großen natürlichen Vorteil Kapital zu schlagen. Dieser Vorteil ist unsere
persönliche Erfahrung als Trinker, der genesen ist."

In den Gruppen sind solche therapeutischen Erörterungen ver-
pönt. Zwar kommt es immer wieder vor, daß AA-Freunde einander als Suchtexperten mit angelesenen Theorien zu über-
trumpfen versuchen, aber spätestens wenn die Mehrheit der

Gruppe unruhig wird oder vor sich hinzudösen beginnt, pflegt ein älterer AA-Freund aufzuwachen, und zwar meist so derb wie Heinrich in Hamburg: „Außer dem Gedröhne von Leuten, die nichts als Scheiße im Kopf haben, habe ich hier heute noch nichts gehört." Und in den Meeting-Räumen amerikanischer AAs mahnt ein Schild: „Keep it simple".

Die Einfachheit des Programms hat auch Wilsons Freund Bob in seiner letzten Rede 1950 den AAs noch einmal ans Herz gelegt: „Wir wollen es nicht ‚kaputt-erklären' mit Freudschen Komplexen oder mit Dingen, die zwar aus wissenschaftlicher Sicht interessant sind, aber mit unserer eigentlichen AA-Arbeit nur sehr wenig zu tun haben. Letztlich lassen sich unsere Zwölf Schritte zusammenfassen in die Worte ‚Liebe' und ‚Dienst'. Wir verstehen, was Liebe ist, und wir verstehen, was Dienst bedeutet. Laßt uns diese beiden Dinge im Gedächtnis behalten."

Eine Kleinigkeit hat Bob in seinem Vermächtnis vergessen zu erwähnen, auch sie ist einfach, wie das ganze Programm: Um es leben zu können, muß der Alkoholiker ein anderer Mensch werden.

Mein altes Selbstbild war schon in der Therapie ziemlich zerfleddert worden. Ich trauerte ihm nicht nach. Aber ich war zutiefst verunsichert gegenüber allen neuen Ansätzen. Ich traute mir nicht; hatte eine große Scheu davor, mich auf eine neue Version von mir festzulegen. Ich weigerte mich, Briefe zu schreiben, irgend jemandem mitzuteilen, wie es mir geht. Sollte ich Tagebuch führen? Manche in den Gruppen erzählten, daß es ihnen hilft. Alles in mir sträubte sich.

Ich wollte offen bleiben. Alles war im Fluß, heute war ich so, morgen ganz anders. Es war mir ein Greuel, mich wieder mit neuen Erwartungen an mich selbst zu erdrücken. Nur eines hatte ich begriffen und hielt es fest – daß ich krank war – physisch abhängig, psychisch unerwachsen, geistig hybride. Ich haßte mich für meine besoffenen Anmaßungen: was für ein trostloser Gott meines Lebens war ich zuletzt gewesen, ohnmächtig und größenwahnsinnig. Dabei hatte ich nicht gelebt, ich hatte mich leben lassen. Als jedermanns Hampelmann hatte ich gedient –

alle durften mal ziehen. Und dann jammerte ich: „Mit mir kann man es ja machen." Genau, das konnte man auch.

Nie wieder wollte ich so sein. Zum Stichwort Hampelmann stürmten die Assoziationen nur so auf mich ein: keinen Boden unter den Füßen, abgehoben, keinen Standpunkt, nie auf eigenen Füßen gelebt, für nichts geradegestanden.

Nun mußte ich umlernen, mußte lernen, nein zu sagen, und das war das Schwerste. Das konnte ich nie. Immer hatte ich ein schlechtes Gewissen. Ich wußte ja nicht mehr, was ich den Tag zuvor gesagt oder gemacht hatte. Also besser nicht aufmucken. Zähneknirschend ja sagen, nur nicht unangenehm auffallen. Was habe ich mich gehaßt dafür. Langsam traute ich mich dann schon manchmal. Aber es kam oft falsch raus. Wenn ich sagen wollte: Nein, das kann ich oder will ich nicht, mit dir hat das nichts zu tun, sagte ist statt dessen: Nein, du Arschloch. Ich verletzte, weil ich nicht mehr verletzt werden wollte. „Das muß man üben", sagen sie in der Gruppe.

Nach Jahren geht es tatsächlich besser. Ich habe gelernt, für mich „nein" zu sagen, nicht gegen andere. Ich spüre auch festen Boden unter mir, lerne mich in der Realität zu behaupten. Aber es ist noch immer nicht leicht. Die alten Verhaltensmuster und Wesenszüge sitzen fest wie Tätowierungen. Alte AA-Leute sagen: Die behält man auch, mit denen muß man nur besser umgehen lernen, loslassen, anders gewichten – die guten, positiven Seiten hervorheben, die anderen nicht verdrängen, aber auch nicht mehr so hemmungslos ausleben. Das habe ich inzwischen kapiert: meine Suchtstruktur werde ich nie los. Wenn ich in Druck gerate, rauche ich zuviel, trinke zuviel Kaffee, fresse zuviel Schokolade.

Immer zuviel. „Das ist die Maßlosigkeit", sagen sie in der Gruppe, „damit hast du dein Leben lang zu tun." Franz sagt: „Wenn auf einer Tablettenröhre stand: ‚2 Stück nach dem Essen', hab ich lieber vier genommen. Besser ist besser. So bin ich eben, allerdings nehm ich keine Tabletten mehr." Er lacht. Und er säuft nicht. Von ihm und anderen, auch aus eigener Erfahrung, habe ich gelernt: Kapitulation ist kein einmaliger Akt, Kapitulation ist ein lebenslanger Prozeß.

Das neue Leben braucht Übung. Die elf Schritte des AA-Programms nach der Kapitulation verstehen sich als eine Art Betriebsanleitung für ein Dasein nicht nur ohne Alkohol, sondern auch mit einem anderen Selbstverständnis. In einer Arbeitsanleitung der deutschen AA heißt es: *„Die* Anonymen Alkoholiker gibt es nicht. Richtig muß es heißen: Was wollen wir? Oder noch richtiger: Was will ich? Nun, ich will nicht mehr so leben wie früher, ich will nicht mehr trinken. Um das zu erreichen, muß ich bewußt leben, muß mein Leben im Griff und unter Kontrolle halten. Ich muß lernen zu leben … so wie man lesen, nähen, melken, Auto fahren und hobeln lernt. Leben ist ein Lernberuf. Und weil viele in diesem Beruf ungelernt herumpfuschen, klappt es oft schlecht."

Gelernt wird im Alltag. Die Gruppe ist Lebensschule, Übungsgelände und Spiegelkabinett zugleich. Ob es denn nicht auf Dauer langweilig werde, immer nur über Alkohol zu reden, wollen viele Außenstehende von den Anonymen Alkoholikern wissen. Tatsächlich gibt es Gruppensitzungen, in denen das Wort Alkohol nicht ein einziges Mal fällt. Gewiß, als Hintergrund ist das Trinkproblem immer gegenwärtig, schon weil jeder seine Wortmeldung mit dem Bekenntnis beginnt: „Ich bin Alkoholiker." Aber dann berichten die AAs detailliert und ohne Scheu von ihren Schwierigkeiten oder Erfolgen in ihren Familien, am Arbeitsplatz und beim Umgang mit anderen Menschen.

Über Schlaflosigkeit wird geredet und Langeweile, über Kinderkriegen und Alterwerden, über die Perfektionssucht beim Putzen und über Pünktlichkeit. Ärger mit Behörden, Wut über das Fernsehen, Probleme mit der Sexualität: Es gibt nichts, was in einer AA-Gruppe nicht besprochen wird. „Hier darfste über alles reden außer über zwanzig Minuten", witzeln die Berliner. Aber Zeitbegrenzungen gibt es auch nicht.

Der Ablauf einer Gruppensitzung ist überall ähnlich, nirgends gleich. Ein gewählter Gruppensprecher eröffnet das Treffen zumeist mit der Verlesung der Präambel. Manchmal folgen auch „Gedanken zum Tag". Dann fragt er, ob jemand ein drängendes Problem habe und notiert, wer sich meldet. Oder es beginnt ein Rundgespräch. Jeder spricht nur von sich, es gibt keine Diskussionen, keine direkten Ratschläge und keine Bewertungen.

Was auch konkret das Thema sein mag, immer stehen in den AA-Gruppen zwei Weltbilder einander gegenüber: das besoffene, selbstzerstörerische des Trinkenden und das realistischere, gelassene und optimistische des Genesenden.

Friedvoll verläuft dieser Dialog keineswegs. Alkoholiker sprechen auch trocken eine rüde Sprache. Emotionsgeladen ist diese Auseinandersetzung schon deshalb, weil sie nicht nur zwischen Neulingen und Knochentrockenen geführt wird, sondern weil jeder beide Seiten in sich selbst hat. Oft ist der Dialog ein veröffentlichter innerer Monolog. Psychotherapeuten nennen die wechselseitige Identifizierung von alten und neuen Mitgliedern der Gruppe, ihren Erfahrungsaustausch und ihre Selbstdarstellungen, einen Prozeß der Nachreife.

Professionelle Therapeuten gibt es nicht in den Gruppen. AAs lassen keine außenstehenden Fachleute zu. Die meisten Alkoholiker haben aber ein gutes Gespür dafür, daß sie ihre Trinkzeit – im Durchschnitt sind das siebzehn Jahre bei Männern und acht bis zwölf Jahre bei Frauen – als Entwicklungs- und Erfahrungsphase abschreiben können. „Ich war doch auf der geistigen Stufe einer Minderjährigen", sagt Hedwig aus Nürnberg. Hans aus Hamburg staunt, als er die Welt wieder mit klarem Blick erkennt: „Da stehst du mit 33 Jahren da, als wärst du achtzehn oder neunzehn."

Veränderungen brauchen Zeit. „Herr, gib mir Geduld, aber schnell", spotten alte AAs, wenn es den Neuen zu langsam geht. Einer Phase von vergleichsweise schnellen, vor allem körperlichen Fortschritten folgen Wochen voller Niedergeschlagenheit und Rückfallgefahren.

Unter dem Pseudonym Marion Weber berichtet eine AA in ihrer Lebensgeschichte „Die dunkle Seite meines Lebens" über diese Phase: „Ich brauchte die Gruppe. Ich habe dreißig Jahre getrunken. Vieles ist in mir kaputtgegangen. Manchmal weiß ich nicht einmal, wie ich wirklich bin. Plötzlich ist da etwas Neues im Bauch, ein unbekanntes Gefühl. Es macht mir angst, weil ich es nicht kenne, und es macht mir deshalb Schmerzen. Manchmal

trinke ich im Traum wannenweise Rumtopf. Schrecke schweiß-
gebadet hoch. Ich spüre auf meinen Lippen Fusel. Das löst
Panik aus. In der Gruppe höre ich, daß alle solche Erscheinun-
gen normal sind. Das beruhigt."

Stimmungslabil, depressiv, reizbar, egozentrisch, angstgetrie-
ben und perfektionssüchtig fangen alle an. Vieles hält sich hart-
näckig, jahrelang.

Aber nach und nach empfinden sich die AAs, die regelmäßig
Gruppen besuchen, als beständiger, realistischer, aufgeschlosse-
ner für Neues und geduldiger. Vor allem bekommen sie Distanz
zu ihrem früheren Leben. Manche freilich brauchen auch nach
langer Trockenzeit noch therapeutische Unterstützung.

AA ist nicht therapiefeindlich. In den meisten Gruppen werden Mitglieder ermutigt, professionelle Hilfe zu suchen, wenn
sie allein nicht weiterkommen. Aber umgekehrt wird es selbst-
mörderisch – Therapie ohne anschließende Selbsthilfegruppe
bekommt nur wenigen. Auf etwa acht bis zehn Prozent schätzt
Wilhelm Feuerlein die Zahl der „Spontanheilungen", gemeint
sind solche Trinker, die ohne jede Hilfe das Glas stehenlassen
können. Und immer wieder berichten vor allem Verhaltensthe-
rapeuten von Trinkern, die ihr Saufen unter Kontrolle kriegen.
AAs würden die nicht für Alkoholiker halten.

Kritiker der AA, wie der Psychoanalytiker Wolf-Detlef Rost,
meinen, in den Gruppengesprächen setze sich die autodestruk-
tive Neigung der Trinker in Form von permanenter Selbst-
bezichtigung fort. Ohne Zweifel haben die Bekenntnisse
trocken gewordener AAs oft einen selbstbestrafenden, manchmal masochistischen Ton, auch klingen die Heldentaten der
Saufzeit manchmal wie Frontberichte ehemaliger Stalingrad-
Kämpfer.

Aber mit zunehmender Nüchternheit konzentrieren sich die
Lebensbeschreibungen mehr auf den Genesungsprozeß als auf
die Niederlagen der Vergangenheit. Berichte von Erfolgen tre-
ten an die Stelle von Lamentos über die Saufzeit. „Bei mir geht
es so was von bergauf, das kann selbst ich nicht aufhalten", wun-
dert sich Herbert aus Lüneburg nach einjähriger Abstinenz, um
schnell hinzuzufügen: „Außer durch Saufen natürlich."

Je länger einer trocken ist, desto besser lernt er, mit Konflikten umzugehen und Entscheidungen zu treffen. Oft unter Schmerzen begreifen AAs, daß es ein Leben ohne Probleme nicht gibt, daß Glück aber auch darin bestehen kann, mit diesen Schwierigkeiten zurechtzukommen. Schulden, Arbeitslosigkeit und Krankheit sind mit dem Trockenwerden nicht plötzlich aus der Welt. Aber daß sie mit einem Gläschen in Ehren erst recht nicht verschwinden, wissen alle.

Viele stehen es nur durch, weil sie jetzt nicht mehr allein gegen den Rest der Welt antreten müssen. „Das ist das Schönste an AA", findet Uschi aus Stuttgart, „daß ich jederzeit Menschen habe, an die ich mich wenden kann, wenn ich Hilfe brauche." Und viele beten. Auch das haben sie in AA gelernt.

6. „Gott, wie wir ihn verstehen"

Die Spiritualität von AA

Daß meine neuen Freundinnen und Freunde in den AA-Gruppen zum Schluß der Meetings immer beteten, hat mich anfangs mächtig genervt. „Gott, gebe mir die Gelassenheit, Dinge hinzunehmen, die ich nicht ändern kann", murmelten sie im Chor, „den Mut, Dinge zu ändern, die ich ändern kann, und die Weisheit, das eine vom anderen zu unterscheiden."

Ja, ja. Mußte das sein? In manchen Gruppen faßten sie sich sogar reihum an dabei. Ich war eher geniert als verärgert. Plötzlich wurde mir bewußt, daß die Gruppe sich in einem Raum des christlichen Kindergartens versammelt hatte.

Dann ließ einmal eine Freundin, die das Meeting leitete, Gott weg. Sie sagte das Gebet so, daß ich aufhorchte: „Ich wünsche mir die Gelassenheit..."

Mir ging auf, daß dieses Gebet eines amerikanischen Pastors eine Lebensphilosophie enthält, mit der sich's leben läßt, auch wenn man mit seinem christlichen Kindergott nichts mehr im Sinn hat.

Was bleibt, ist zunächst einmal eine Haltung – Demut. Die mag man christlich nennen. Ich halte mich lieber an die ritterliche Definition, in der Mut, Stolz und Bescheidenheit zusammenfließen zu einer unarroganten Lebenseinstellung gegenüber meinen Mitmenschen. „Absteigen, runter vom hohen Roß, einreihen in das Heer der Alltagsmenschen, aufhören, sich als Sonderfall einzuschätzen", heißt es in einem Kommentar der AA. Das fällt mir schwer genug.

Die Solidarität meiner AA-Freunde als „eine Macht, größer als ich selbst" zu akzeptieren, macht mir dagegen keine Mühe. Allein habe ich es nun einmal nicht geschafft, von der „höheren Macht" Alkohol wegzukommen. Darauf bin ich nicht stolz, dafür bin ich dankbar.

Was ferner bleibt, ist eine persönliche, freundschaftliche Art des Umgangs miteinander, die den anderen in all seinen Äußerungen akzeptiert und toleriert. Auch das mag manchen an „christliche Nächstenliebe" erinnern, wiewohl die Mehrheit der AA-Freunde in den Gruppen Horrorgeschichten von den tatsächlichen Umgangsformen in den etablierten Kirchen zu erzählen wissen. Für mich drückt sich in der Offenheit der Begegnungen, dem Mut zur Subjektivität, der Verantwortlichkeit für das eigene Verhalten und die eigene Rede, die von niemandem unterbrochen wird und deren Logik nicht in sogenannten Sachdiskussionen auseinandergeklügelt wird, eine Humanität aus, die ich mir oft auch außerhalb der Gruppen wünsche. Denn solche Achtung vor der Würde des Menschen fordern ja nicht nur die Moralkatechismen der großen Religionen, sondern auch das Grundgesetz.

Nun habe ich gewiß häufig genug erlebt, daß AA-Freunde im Verlauf ihrer Trockenheit fromm geworden sind, selten bigott. Dennoch geht von manchen oft eine unterschwellige Nötigung aus, eine dringliche Mahnung, ich würde „die Sache mit Gott" schon auch noch schnallen, wenn ich nur erst richtig „nüchtern" geworden sei. Und haben diese Mahner nicht das Programm auf ihrer Seite?

Tatsächlich empfehlen die Schritte fünfmal direkt, unser Leben mit „Gott, wie wir ihn verstehen" in Beziehung zu setzen, einmal, es „einer Macht, größer als wir selbst" zu unterwerfen. In allen sechs Fällen aber heißt das Subjekt „Wir". Immer überläßt es das Programm der Entscheidung des einzelnen AA, sich für den Schritt zu öffnen. Mir, der ich mich so lange als Marionette des Alkohols und als Hampelmann meiner Umwelt gefühlt habe, wäre es schwer, wenn nicht unmöglich, mich einem Programm anzuvertrauen, das mich statt dessen zur abhängigen Spielfigur irgendeines göttlichen Drahtziehers degradierte. Für mich ist das AA-Programm mit seinen Schritten zur Lebensänderung auch ein Programm der persönlichen Freiheit. Darin finde ich mich in der AA-Spiritualität eher bestärkt als beeinträchtigt.

Was Spiritualität sei, darüber streiten die Geister noch heftiger als darüber, was Alkoholismus ist. Für mich ist es das Erlebnis

eines ganzheitlichen Lebens geworden, wie ich es bei AA zum er-
stenmal erfahren habe: die Einheit von Gedanken und Gefüh-
len, Wissen und Träumen, Festigkeit und Offenheit. Ich lerne,
ein eigenverantwortliches Leben im offenen Austausch mit an-
deren zu führen, eine Individualität zu bewahren, die nicht im
Gemeinschaftskult versinkt wie einst im Suff.

Wenn Heinrich Vormweg in einer Schrift zur Verteidigung
der Aufklärung schreibt: „Es gibt als Inhalt aller Erkenntnis nur
das Leben und Zusammenleben selbst", dann ist das für mich ein
Satz, der sich mit meiner Auslegung der AA-Spiritualität ver-
trägt. Dieses Leben hat für mich Sinn und Wert.

Lange versuchen sich viele AAs um die Erkenntnis herum-
zudrücken, daß ihr Zwölf-Schritte-Programm ein spirituel-
les Element enthält, daß es sogar als ein theologisches Programm verstanden werden kann. In dem Referat vor den New
Yorker Fachärzten 1944, das Rudolf A. Zierholz in der Zeitschrift Suchtreport veröffentlichte, versuchte Bill Wilson zu
erklären, daß jedes Mitglied von AA die Freiheit der Wahl habe:
„Die Medizin sagt, ‚Erkenne dich selbst, sei stark, und du wirst
fähig sein, das Leben zu meistern‘. Die Religion meint, ‚Erkenne dich selbst, bitte Gott um Kraft, und du wirst wahrhaft
frei‘. In AA kann der Neuling die eine oder andere Methode versuchen. Um zu genesen, schließt er manchmal den religiösen ‚Pferdefuß‘ der 12 empfohlenen Schritte aus und verläßt
sich schließlich auf Ehrlichkeit, Toleranz und Arbeit mit anderen."

Geht es also auch ohne Spiritualität? Die Antwort klingt nach
Radio Eriwan: Im Prinzip, ja. Aber eigentlich, so Bill Wilson,
lehre die Erfahrung, daß die Chancen eines solchen Versuchs
nicht groß seien.

Es ist dieser Teil des Programms, der die Anonymen Alkoholiker bei Außenstehenden und auch bei manchen Mitgliedern in
den Geruch einer frömmelnden Loge bringt. Es ist freilich auch
dieser Teil, von dem nicht nur die Gründungsväter, sondern
auch viele Fachleute glauben, daß auf ihm der eigentliche therapeutische Erfolg der Gemeinschaft beruht.

Bill Wilson versuchte es den Medizinern 1944 so zu erklären:

„Dem Alkoholiker, der im Anfang gegen den spirituellen Faktor Einwände hat, wird nahegelegt, vorurteilslos und unvoreingenommen zu bleiben; mittlerweile wird er seine AA-Gruppe als seine höhere Macht betrachten. Unter diesen Voraussetzungen beginnt beim Neuling eine Persönlichkeitsumwandlung von solcher Geschwindigkeit und in solchem Ausmaß, daß er sich diese nicht allein mit Selbstverwirklichung und Selbstdisziplin zu erklären vermag.

Es geht nämlich nicht allein seine alkoholische Zwangsvorstellung verloren, sondern er stellt auch fest, daß er nach und nach von Angst, Furcht, Launen und Minderwertigkeitsgefühlen befreit wird. Diese Wandlungen scheinen sich fast automatisch zu ereignen. Folglich schließt er daraus, daß eine Macht, größer als er selbst, tatsächlich am Werk gewesen sein muß. Hat er diesen Punkt erreicht, beginnt er seine eigene Vorstellung von Gott zu entwickeln.“

Die Anonymen Alkoholiker berufen sich auf den Schweizer Psychoanalytiker Carl Gustav Jung als geistigen Anreger ihres spirituellen Programms. 1931 hatte der einen Freund des späteren AA-Gründers Bill Wilson behandelt und nach langen vergeblichen Versuchen aufgegeben. Nur eine tiefere geistige Erfahrung, im Grunde eine Art religiöses Erweckungserlebnis, könne ihn vom Alkohol befreien, hatte Jung ihm gesagt.

In einem Briefwechsel mit Bill schrieb Jung dreißig Jahre später über seinen damaligen Patienten: „Sein Drang nach Alkohol war, auf niederer Stufe, ein Ausdruck unseres spirituellen Durstes nach Ganzheit, oder, wie es die Sprache des Mittelalters sagt, nach der Vereinigung mit Gott.“ Jung verkürzt diesen Gedanken auf die lateinische Faustformel: „Spiritus contra Spiritum“ – Geist gegen Weingeist.

Wissend, daß AA sich von Anfang an selbst ruinieren würde, wenn diese Einsichten eine Form fänden, die Agnostiker oder Atheisten von der Teilnahme ausschlössen, einigten sich die ersten Anonymen Alkoholiker auf die Formel: „Gott, wie wir ihn verstehen.“ Die läßt jedem die Chance, sich auf die – ohnehin unausweichliche – Erkenntnis zu beschränken, daß er selbst nicht der Größte ist in seinem Leben und nicht alles in der Hand hat, wie er in seinem Alkoholwahn geglaubt hat.

Für viele bleibt die Gemeinschaft AA insgesamt oder die heimische Gruppe die „höhere Macht". Der „aggressive Sozialist und Atheist" Wilhelm aus Aachen übersetzt Spiritualität mit Solidarität. Gemeinsam ist all diesen Auslegungen eine Lebenshaltung, die Jim, ein schwarzer AA-Freund aus Baltimore, beim Welttreffen in Montreal auf die Formel brachte: „Wann immer ich zu grübeln beginne, was oder wie oder wo oder wer Gott sei, dann weiß ich eines ganz sicher: Ich bin es jedenfalls nicht'."

7. „Ein Leben, besser als gut"

Die Krise als Chance begreifen

„Ich heiße Horst, ich bin Alkoholiker." Wie oft ich diesen Satz schon gesprochen hatte, bevor er mich auf einmal in tiefe Unruhe stürzte, weiß ich nicht. Sicher aber viele hundertmal. Zunächst hatte ich mich geschämt, ihn laut zu sagen, wie wohl jeder bei AA. Dann erleichterte er mich: ich, der Einsame, gehörte endlich irgendwo hin und dazu, wenn es auch nur eine Gemeinschaft von Ausgestoßenen und Gescheiterten war. Endlich kam sogar eine Phase von Trotz und verquerem Stolz: Nicht nur sind Alkoholiker auch Menschen, sondern bessere. (Trockenrausch nennen Suchtexperten diesen Rückfall in eine realitätsferne Großmannssucht.) Aber nach und nach begann der Satz sich nur noch automatisch einzustellen, wenn ich mich in einer AA-Gruppe zu Wort meldete. Die Formel erstarrte zum Ritual.

Plötzlich aber, ganz unvermittelt in einem eher langweiligen, normalen Meeting mit lauter seit Jahren vertrauten Freundinnen und Freunden in meiner Stammgruppe, begann der Satz aufs neue in mir nachzuhallen: „Ich heiße Horst, ich bin Alkoholiker." Na und? Weiß ich doch, wissen die auch. Außerdem – ich hätte es lieber sagen sollen, als ich noch soff, aber da hätte ich jeden zum Teufel gejagt, der das vorgeschlagen hätte. Was soll es also jetzt?

Die Fragen ließen mich nicht los. Was sage ich eigentlich, wenn ich meinen Namen nenne und hinzufüge, daß ich Alkoholiker bin? Was teile ich mit? Eine Erkenntnis? Nein, doch nicht immer wieder dieselbe. Oder doch?

„Think", steht in vielen AA-Meeting-Räumen in den USA an der Wand. Und als ich nachzudenken begann, war es, wie wenn ein neuer Prozeß der Selbsterforschung plötzlich in mir in Gang gesetzt worden sei.

Und auf einmal wußte ich, daß ich mit diesem Satz den er-
probtesten, den verläßlichsten Teil meiner Identität ausdrückte.
Wer und was und wie auch immer Horst sein mochte – daß er
Alkoholiker ist, das hatte ich schmerzlicher erlebt und erfahren
als irgend etwas sonst. Das wußte ich nicht nur im Kopf, das war
existentiell beglaubigt.

Mit diesem Satz aber akzeptiere ich diesen Teil meiner Iden-
tität. Ich bekenne mich öffentlich dazu, immer wieder. Ob ich
den Sachverhalt nun als Krankheit definiere, als Defizit, als
Schicksal – auf einen schlichten Nenner gebracht heißt er: Ich
kann nicht trinken wie andere.

Das nun mag für viele nicht mehr als eine Binsenwahrheit
sein. Für mich war es – so formuliert – eine ungeheure Erleichte-
rung. Denn nie hatte ich zugeben können, daß ich irgend etwas
nicht konnte. Immer mußte ich das vertuschen, mußte lügen –
vor mir und anderen – und hochstapeln oder das Können und die
Fähigkeiten anderer kleinmachen oder anzweifeln.

Zeitlebens hatte ich Vorstellungen von mir im Kopf, wie ich
eigentlich hätte sein sollen. So war ich aber nicht. Doch das
durfte nicht auffallen. Ich achtete auf die Erfolgsmuster anderer.
Was „man" tat, was „man" anzog, was „man" sagte, zählte für
mich. Gab es mich überhaupt?

Ich riskierte nichts. Ich ging leichte Wege. Im übrigen verlief
mein Leben in Konjunktiven. Man sollte, man könnte, man
müßte. Aber man kann ja nichts machen. Und das darf man
nicht sagen, sonst ist man verloren.

Ich wußte es längst, aber ich konnte es nicht zugeben, nicht
ums Verrecken, wie es so trefflich heißt. Unentwegt verglich ich
mich mit anderen, bewies ihnen und mir, daß ich alles konnte –
und zwar besser – und glaubte mir doch nie. Mißtraute auch
denen, die mir glaubten. Verachtete sie. In die immer größer
werdende Kluft zwischen dem Bild vom Alleskönner und dem
Selbstbild als Versager goß ich Alkohol.

Bei AA lernte ich dann zu sagen: Ich heiße Horst, ich bin Alko-
holiker. Nicht „man" – ich. Und ich kann nicht trinken wie an-
dere. Ein ziemlich mieses Stück Identität hatte ich da unver-
sehens in meiner Hand, aber ein sicheres. Denn es gab ja auch

eine positive Seite: Ich hatte erfahren, daß ich mit meiner Krankheit Alkoholismus leben kann, und zwar gut.

Diese Erkenntnisse änderten allmählich meine Einstellung zum Leben – und zum AA-Programm, das ich bis dahin eher widerwillig in Kauf genommen hatte. Mir ging es ums Trockenbleiben, nicht um Gott und spirituelle Besinnung.

Wie fast alle AAs hatte ich in den ersten Jahren meiner Trockenzeit viel Kraft und Selbsterforschung auf meine Fehler und Schwächen konzentriert. Jetzt begann ich, mein aufgeblasenes Selbstbild gelassener, oft sogar belustigt zu betrachten – was glaubte ich nicht alles können zu müssen. Nun konnte ich zugeben: nicht nur trinken kann ich nicht wie andere, vieles kann ich nicht, was andere können – nicht kochen und nicht schnell rechnen, nicht so gut schreiben wie manche Kollegen (was mich beruflich am Ende fast völlig lähmte), keinen Motor reparieren, keinen Nagel in die Wand schlagen. (Das behauptete wenigstens meine Frau; aber das konnte ich nicht nicht, das wollte ich nur nicht.)

Na und? Andere können anderes nicht. Ich hörte auf, mich ständig durch Vergleiche zum Verlierer zu machen. Auf einmal war ich frei zu entscheiden, was ich noch lernen und was ich einfach als Nichtkönnen akzeptieren wollte oder mußte.

Das bedeutete eine große Entlastung. Aber die andere Seite der Erkenntnis erwies sich als eine noch größere Aufgabe. Sie hieß: Dafür, daß ich leben kann ohne Alkohol, muß ich etwas tun. Ich war verantwortlich – verantwortlich nicht nur für meine Fehler, sondern auch für alle meine Fähigkeiten und Talente, für das ganze, lange brachliegende Potential meines Lebens. Zum erstenmal arbeitete ich jetzt für mich, nicht um andere mit meinen Leistungen zu beeindrucken. Anerkennung freut mich, aber ich beziehe daraus allein nicht mehr mein Selbstwertgefühl.

Und ich achte weiter darauf, Neues in mir zu entdecken, zuzulassen und zu entwickeln. Das ist es wohl, was ein Freund einmal gemeint hat, als er sagte: „Ich bin ein kreativer Alkoholiker."

Gewiß, ich hatte Vorgaben. Anders als viele in der Gruppe hatte ich entscheidende Anstöße schon in der Therapie bekommen. Aber die wichtigsten neuen Impulse, den immer erneuerten

Elan zum Durchhalten im Alltag – das verdanke ich der Ge-
meinschaft. Und ich sehe auch Freunde, die denselben Weg nur
mit AA gehen, manche mit mehr Mühe, manche auch mit auffal-
lenderen Ergebnissen. Die Orientierungen für diesen Marsch
aber trage ich stets auf einem kleinen Kärtchen in der Geldbörse
bei mir – die „Zwölf Schritte" sind mein wichtigstes Kapital.

„Das AA-Programm", schreibt Uwe in der deutschen Ausgabe
der „Anonymen Alkoholiker", „ist unkompliziert, aber es ist
bestimmt für komplizierte Leute." Zu den Kompliziertheiten
trockener Alkoholiker gehört vor allem ihre Schwierigkeit, sich
in Normalität einrichten zu können, Alltag zu ertragen. Gewöhnt an chaotische Abstürze und Lebensverhältnisse, spezialisiert auf die Bewältigung selbstgemachter persönlicher Katastro-
phen, fällt es vielen schwer, eine mittlere Lebenslinie zu finden
und durchzuhalten.

Die ersten Erfolgserlebnisse der Trockenheit werden in den
Gruppen oft geradezu euphorisch erzählt: Zum erstenmal dem
Chef gegenüberstehen und sagen, daß einem etwas nicht paßt,
ohne sich zuvor Mut angetrunken zu haben. Zum erstenmal
allein verreisen, ohne versackt zu sein. Die erste Depression
ohne Suff überstehen, erstmals nüchtern die Sonne aufgehen
sehen, zum erstenmal faulenzen, ohne das schlechte Gewissen
mit Whisky zu dämpfen, seine erste Geburtstagsfeier ohne Sekt
überleben. Lauter Krisensituationen, die, positiv bewältigt, das
Selbstgefühl auf eine rosa Wolke heben. Kein Wunder, daß in
vielen Meetings viele jubeln wie Theo aus Karlsruhe: „Ich darf
alles, nur nicht saufen."

Aber die Anfangssensationen werden mit fortschreitender
Trockenzeit seltener, Gewöhnung macht manchen auch die
Meetings fade. Geschichten aus der Zechzeit, die lebten, solange
die Erinnerungen an Angst und Verzweiflung darin mitzitter-
ten, verflachen zu nostalgischer Sauffolklore. Die Sorge vieler
Neulinge, daß das Leben ohne Alkohol langweilig sein werde,
scheint sich im Frust zu bestätigen. „Ich gehe nicht mehr so gern
hin", sagt Inge aus Hannover, „von Alkohol wird bei uns kaum
noch geredet – nur von Arbeitslosigkeit oder Krach am Arbeits-

platz, von Beziehungskisten, Schwierigkeiten mit dem Alltag, sogar über Sex. Ich finde, das gehört nicht in AA-Meetings."

Nicht nur Inge, sondern viele AA-Mitglieder in Deutschland unterschätzen die Bedeutung des Programms. „Wir brauchen so etwas wie eine innere Mission", glaubt Hans, der ehemalige Sprecher und Geschäftsführer der deutschen AA in München, „vor allem die älteren Mitglieder sind gefordert, mit den Zwölf Schritten auch in den Gruppen voranzugehen." Hans weiß, daß AAs, die das Programm vernachlässigen, nicht nur ihre Trockenheit gefährden, sondern auch die Chance zu persönlicher Weiterentwicklung und menschlicher Reifung vergeben. Viele brechen nach seinen Beobachtungen einen Prozeß der Neuentwicklung aus Angst vor Veränderungen, aus Bequemlichkeit oder mit Rücksicht auf einen beharrenden Partner vorzeitig ab.

Was Bob Pearson, AA-Mitglied seit 1960 und von 1974 bis 1984 Geschäftsführer des zentralen Dienstbüros in New York, als einzige mögliche Gefährdung für die Gemeinschaft allgemein sieht – „die wachsende Starrheit" –, gilt für viele einzelne AAs in der Bundesrepublik besonders: „Wenn wir jemals schwanken oder versagen", sagte Bob 1986, „dann wird es wegen uns selbst sein, weil wir unser eigenes Ego nicht kontrollieren können oder weil wir nicht gut genug miteinander auskommen, weil wir zuviel Furcht und Starrheit haben und nicht genug Vertrauen und gesunden Menschenverstand."

Georg aus Marburg, Alkoholiker und Drogenabhängiger, der heute mit Ex-Fixern therapeutisch arbeitet, empfindet die AAs vielfach als statischer als die NAs (Narcotics Anonymous), die ihr wiedergeschenktes Leben mehr nutzen. „Schon daß die AAs den ‚Gelassenheitsspruch' (hinnehmen, was ich nicht ändern kann) so nennen und nicht vom ‚Mutspruch' reden (ändern, was ich ändern kann) oder am besten vom ‚Weisheitsspruch' (lernen, das eine vom anderen zu unterscheiden), schon das irritiert mich", sagt er.

Anders als in den USA sind „Schritte"-Meetings, in denen Alltagsschwierigkeiten und persönliche Krisen konkret an den zwölf Punkten des Programms besprochen werden, in der Bundesrepublik eher eine Seltenheit. Aber schon Bill Wilson wußte: „Die Gefahr ist groß, das seelische Programm zu vernachlässigen und uns auf den Lorbeeren auszuruhen. Wenn wir das tun, rennen wir direkt in unser Unglück, denn Alkohol ist ein heimtückischer Feind. Wir sind nicht vom Alkoholismus geheilt. Was wir in der Hand haben, ist eine auf den Tag bemessene Bewährungsfrist."

Was AAs freilich zusätzlich in der Hand haben, glaubt der amerikanische Arzt Joseph Pursh sogar in einem ungefähren Zeitplan festlegen zu können – die Chance auf „ein Leben, das besser ist als gut". Der erfahrene Suchtexperte, der sowohl als Direktor des Rehabilitationszentrums der amerikanischen Marine als auch später als Chef einer privaten Klinik mit dem AA-Programm zu therapieren pflegte, sagt: „Genesung heißt umsteigen von Pillen und Drinks auf Menschen und Gefühle. Es ist ein Prozeß, der zwei bis drei Jahre dauert. Nach erfolgreicher Behandlung, und besonders wenn er mit den Zwölf Schritten der Anonymen Alkoholiker arbeitet, braucht der genesende Alkoholiker weder Alkohol noch andere bewußtseinsverändernde Stoffe mehr. Er wird ehrlich sich selbst gegenüber (was den psychischen Streß verringert) und ändert seinen Lebensstil (Arbeit, Essen, Sport, Hobbies usw.), was ebenfalls den Streß in seinem Leben mindert. In diesem Sinne zwingt die Genesung den Alkoholiker, ein ethisch bewußterer und gesünderer Mensch zu werden, als er es gewesen wäre, hätte er den Alkoholismus nicht. Das heißt es, wenn ich sage: er lebt besser als gut."

Krise als Chance: Ob zwei oder drei Jahre, oder zwölf oder zwanzig – das AA-Programm, das ja niemand Schritt für Schritt einmal durchläuft und dann für immer abhakt, enthält die Anleitung zu einem erfüllten, konstruktiven Leben. Erfahrene AAs machen nicht zufällig einen Unterschied zwischen „trocken" und „nüchtern". Nüchternheit ist eine Utopie, die in einem Prozeß lebensverändernder Fortschritte in der Trockenheit angestrebt wird. Sie setzt Offenheit voraus, die ständige Bereitschaft, Neues zu riskieren und Altes loszulassen – Kapitulation als Lebenshaltung. Letztlich entspricht die ideale Entwicklung zur Nüchternheit, die das AA-Programm anstrebt, der Lebensweisheit, die Hermann Hesse 1961 in seinem Gedicht „Stufen" formuliert hat:

> „Wie jede Blüte welkt und jede Jugend
> Dem Alter weicht, blüht jede Lebensstufe,
> Blüht jede Weisheit auch und jede Tugend
> Zu ihrer Zeit und darf nicht ewig dauern.
> Es muß das Herz bei jedem Lebensrufe
> Bereit zum Abschied sein und Neubeginne,
> Um sich in Tapferkeit und ohne Trauern
> In andre, neue Bindungen zu geben.
> Und jedem Anfang wohnt ein Zauber inne,
> Der uns beschützt, und der uns hilft zu leben.
>
> Wir sollen heiter Raum um Raum durchschreiten,
> An keinem wie an einer Heimat hängen,
> Der Weltgeist will nicht fesseln uns und engen,
> Er will uns Stuf' um Stufe heben, weiten.
> Kaum sind wir heimisch einem Lebenskreise
> Und traulich eingewohnt, so droht Erschlaffen;
> Nur wer bereit zu Aufbruch ist und Reise,
> Mag lähmender Gewöhnung sich entraffen.
> Es wird vielleicht auch noch die Todesstunde
> Uns neuen Räumen jung entgegen senden,
> Des Lebens Ruf an uns wird niemals enden...
> Wohlan denn, Herz, nimm Abschied und gesunde!"

Nie ist im AA-Programm vom Erreichen die Rede; „wir versuchten" nach diesen Grundsätzen zu leben, heißt es im zwölften Schritt. Die Gefahr, daß Alkoholiker – wie lange sie auch trocken sein mögen und wie ernsthaft sie auch im Programm arbeiten – sich in Vollkommenheit und Sanftmut zu Heiligen verklären, hält sich in Grenzen. Der Weg ist das Ziel. Wer glaubt, es tatsächlich erreicht zu haben, ist eher dem Rückfall nahe.

8. „Der Rückfall ist immer nur ein Glas entfernt"

Selbsthilfe durch Hilfe für andere: Die Gruppe

Das Telefon schrillt, es ist vier Uhr nachts. Eine stockende, verwaschene Stimme von weither, Gerda. Ich muß mich erst mal zurechtfinden. Gerda? Gerda? Es ist die Neue aus meiner Gruppe. Sie ist Sekretärin und mußte dienstlich zu einem Kongreß in Freiburg. Jetzt sitzt sie in ihrem Hotelzimmer und starrt auf einen dieser verdammten Kühlschränke voller Flaschen.

Sie will nicht trinken. Aber sie hat Angst. Die vielen Fremden auf dem Kongreß, die neue Umgebung, die Arbeit – das ist alles zuviel für sie nach ein paar Wochen Trockenheit. „Was soll ich bloß machen", heult sie, „ich nehm mir ein Taxi und komme." Von Freiburg bis hier, 500 Kilometer. Geistig ist die schon besoffen. „Ich weiß nicht, was ich machen soll, Horst, ich habe so 'ne Angst."

Wir reden eine halbe Stunde. Ich habe mein Kontaktheft griffbereit, gebe ihr die Nummer von Ingeborg und Dieter am Ort. Später erzählt Gerda, daß sie die tatsächlich angerufen hat, und die fremden Leidensgenossen sind zu ihr ins Hotel gekommen, morgens um fünf. Sie hat nicht getrunken.

„Habe ich dich sehr gestört?" hat Gerda hinterher gefragt. Sie hat mich nicht gestört, ich bin zufrieden gewesen, ihr helfen zu können. Es hat mir auch geholfen.

Auch ich habe schon nach Mitternacht Freunde aus dem Bett geklingelt, wenn ich nicht schlafen konnte und Angst bekam. Auch ich bin schon um drei Uhr nachts zu einem Fremden gefahren, der in Not war. Allerdings vergeblich – der war schon voll.

Wenn einer getrunken hat, gehe ich nicht mehr hin, höchstens bei Suiziddrohungen, aber dann mindestens zu zweit. Ich rede auch am Telefon nicht lange mehr mit einem, der „zu" ist, sondern bitte ihn, in die Gruppe zu gehen oder wieder anzurufen,

wenn er klar im Kopf ist. Wer redet schon gern mit einer Schnaps-
flasche, wenn er selbst nicht besoffen ist? Es ist zwecklos, gegen
das Gelalle anzukämpfen. Ich weiß doch, was ich am nächsten
Morgen noch wußte – nichts.

„Arbeit im zwölften Schritt" nennen die AAs solche Hilfs-
aktionen – „die Botschaft weitergeben", und zu Beginn meiner
Trockenzeit war mein Missionsbedürfnis erheblich. Überall
nervte ich meine Mitmenschen damit, daß ich sie als potentielle
Opfer des Suffs beobachtete, die ich zu retten hätte. Draußen
wollte ich, wie sie bei AA zu sagen pflegen, „ganze Straßenzüge
trockenlegen", in den Gruppen konnte ich heraufziehende Rück-
fälle riechen.

Und immer war ich mit helfenden Worten zur Stelle, und nie
war der Weg weit vom Retter zum Ankläger. Je näher mir die
gefährdeten Menschen standen, desto schwerer fiel es mir, auch
ihrem Alkoholismus gegenüber meine Machtlosigkeit einzuge-
stehen.

Inzwischen habe ich nicht nur zu oft mein Versagen erkennen
müssen, ich weiß auch, daß ich mich selbst gefährde. Noch im-
mer ist es schmerzlich zuzusehen, wie sich in meiner Umgebung
einer oder eine kaputtsäuft. Die Versuchung, daß ich mir Verant-
wortung für deren Leben anmaße, ist immer da. Aber mehr, als
Informationen zu geben über mögliche Hilfswege, vor allem
aber selbst vorzuleben, daß man trocken bleiben kann – und daß
sich das lohnt –, mehr ist meist nicht drin. Wenn ich darunter
leide, spreche ich in der Gruppe davon. Ein lebhaftes Echo ist
gewiß, alle erleben ständig schlimme Dinge – so erheiternd sie
manchmal auch ablaufen mögen.

So rief unlängst bei mir jemand an, um mir als erstes mit
großer Emphase mitzuteilen, daß es ihm hervorragend ginge,
„ganz, ganz toll". Wie schön für ihn. Aber was wollte er von
mir? Ja, druckste er herum, von Freunden habe er gehört, daß
ich früher mal – „das muß ja schon lange her sein, und entschul-
digen Sie man, daß ich Sie daran erinnere" – also, daß ich damals
wohl auch mal „son' gewisses Problem" gehabt hätte, oder? „Sie
meinen, daß ich Alkoholiker bin?" Na ja, so will er das natürlich
nicht ausdrücken, aber wie gesagt, die Freunde und so. „Die

glauben nämlich, ich sei auch einer." Das ist, er wird sehr ener-
gisch, natürlich Quatsch. Bescheuert ist das. Obwohl, also seine
Freundin, seine Frau sowieso, aber die spinnt, und neuerdings
auch sein Chef, die machten immer so Andeutungen. Na ja. Gut,
daß in seinem Beruf viel gesoffen werde, das wisse ich ja. Aber da
passe er auch auf – mittags zum Essen nur Wasser, abends nur
noch Wein.

Wir verabredeten uns, der Mann ist in hoher Position in der
Wirtschaft tätig, auf seinen Vorschlag hin in einem Nobelrestau-
rant. Ich wartete auf ihn, kannte ihn nicht, erkannte ihn aber
auf der Stelle: aufgeschwemmtes, hochrotes Gesicht, laute Bon-
homie, wäßrige Augen. Er kam mir ziemlich vertraut vor. Ich
mochte ihn auch sofort in seiner fahrigen Art, sich „normal" zu
geben, immer ein Stück zu normal.

Nach einer langatmigen neuerlichen Entschuldigungsarie
hörte er mir mit weit aufgerissenen Augen zu, als ich ihm von
meinem Saufleben erzählte – und von AA. Dann sprach er von
sich, es sprudelte nur so heraus. Sein Leben war ein atemberau-
bendes Chaos. Es belustigte, entsetzte und ängstigte ihn. Der
Druck mußte schrecklich sein, ich weiß es nur allzugut. Und er
merkte es mir an.

Erst trank er Wasser, dann – „das gefährdet sie doch nicht?,
mein Gott, ich bin so rücksichtslos" – Wein, endlich einen „an-
ständigen Obstler" dazu, dann noch drei. Längst konnte ich ihn
nicht mehr erreichen. Ich verabschiedete mich, ließ Material da,
das er – sich verstohlen umblickend – schnell einsteckte. Über-
schwenglich bedankte er sich für die Hilfe. Daß er mir geholfen
hatte – selten war mir mein altes Ich in letzter Zeit derart deut-
lich in einem Spiegel begegnet –, hielt er für eine Floskel. Und
plötzlich, als ob etwas Schreckliches in seinem vernebelten Be-
wußtsein aufgetaucht war, flüsterte er mir zu: „Aber in euren
Scheißverein komme ich nie. O Gott, nur das nicht."

Drei Monate ist er danach trocken gewesen. Dann brach er
wieder ein, neue Chaos-Meldungen machten die Runde. Aber
noch ist die Angst vor AA größer als die vor dem Suff.

Alkoholismus ist eine hartnäckige und heimtückische Krankheit. Nicht nur, wer im Alleingang mit Trinksystemen herumspielt, bricht unweigerlich wieder ein. Auch wer sich, bestärkt durch jahrelange Abstinenz in den Gruppen, zu sicher fühlt, ist stets in Rückfallgefahr.

Meist kommt die aber nicht aus heiterem Himmel. „Dat Pikkolöschen", das den Kölner Fred nach siebenjähriger Trockenheit für Wochen wieder aus der Bahn wirft und ihn fast seinen Job kostet, „dat Pikkolöschen hat schon monatelang in mir rumrumort", bekennt er später. Lange bevor Fred umfällt, ist er im „Trockenrausch". Seine AA-Freunde bemerken es sehr wohl, wie er beginnt, selbstgerecht und wehleidig aufzutrumpfen. Ihre Warnungen kommen nicht an.

Horst Esslinger, Chefarzt an der Psychosomatischen Klinik Wolfsried im Allgäu, nennt die Unfähigkeit, „sich selbst realistisch einzuschätzen", ein Hauptmerkmal des trockenen Rausches, der am Anfang der Abstinenz häufig, bei manchen aber auch noch nach Jahren ohne Alkohol auftritt. Der trockene Alkoholiker wird großspurig, spitzfindig, ungeduldig. Auf vergleichsweise unbedeutende Ereignisse reagiert er mit unangemessener Gefühlsintensität. Esslinger: „Der Alkoholiker, der den trockenen Rausch hat, führt ein leeres Leben. Die Art seiner Erfahrungen in der Vergangenheit und die Art, wie er die Gegenwart erfährt, hindern ihn daran, die Erfüllung zu erreichen, die andere in ihrem Leben finden. Er ist offensichtlich außerordentlich begrenzt in seiner Fähigkeit zu wachsen, zu reifen und an den Möglichkeiten teilzuhaben, die das Leben bietet. Ihm fehlt die Frische und Ungezwungenheit (nicht Erregbarkeit), die wirklich nüchterne Alkoholiker haben. Sein Leben ist in der Tat ein geschlossenes System, und seine Verhaltensweise ist stereotyp, sich wiederholend und deshalb vorherbestimmbar."

Selbst eine tolerante und flexible Gruppe mit erfahrenen AAs kann in solchen Fällen nicht immer helfen. Wieviel weniger aber eine, die von einem oder mehreren AAs im Trockenrausch beherrscht wird. Das gibt es durchaus. Jeder, der sich lange genug bei vielen AA-Gruppen umgesehen hat, ist solchen sogenannten „staubtrockenen" Typen schon begegnet. Nicht selten prägen sie den Ton in ihren Gruppen, pochen starr auf absolute Antworten auf ihre kleinlichen Fragen, verlangen den Nachweis, daß alle Anwesenden tatsächlich Alkoholiker sind, nörgeln über die AA-Literatur und bestimmen die Rituale. Sie vor allem muß die AA-Freundin und Therapeutin Eleonor unlängst gemeint haben, als sie in einem öffentlichen Meeting in Siegburg sagte: „Wir Alkoholiker können manchmal ganz schlimme Macher sein. Viel zu oft versuchen viel zu viele von uns auch bei AA noch den anderen den Weg zu diktieren."

Gruppen, in denen solche rigiden Obersäufer zu herrschen versuchen, machen es vor allem Anfängern schwer. Sie beschränken sich darauf, AA als eine soziale Nische zu betrachten, in der sie es sich gemütlich einrichten. Solche Jammerklubs oder Trockenstammtische werden meist von einem „Vier-Sterne-Alkoholiker" beherrscht. „Gruppenkönige" bestimmen Ton und Thema der Sitzungen. Das Programm reduziert sich auf die Schritte eins und zwölf: Flasche stehenlassen und das stolz weitersagen.

Rückfälle sind, wie der Psychosomatiker Walther Lechler anmerkt, in diesem Klima „sozialpathologischer Exklusivität" häufig. Aber auch das Gegenteil ist nicht ungewöhnlich: Die trockenen Alkoholiker vertrocknen auch seelisch und geistig. Sie sind nicht trocken, um zu leben, sie leben, um trocken zu bleiben.

Sind solche Gruppen zudem noch religiös inspiriert, besteht die Gefahr, daß sie tatsächlich zur Sekte degenerieren und abheben. Mit ihrem Missionsgefühl oder ihrer Märtyrermentalität stoßen sie Neuankömmlinge und Außenstehende ab. Eine exhibitionistische Ader haben Alkoholiker, auch trockene, sowieso. Lechler: „Alkoholiker wollen auf jeder Hochzeit die Braut sein und bei jeder Beerdigung die Leiche."

Sekten und Selbsthilfegruppen ist gemeinsam, daß sie, wie Michael Lukas Moeller sagt, eine Antwort auf die allgemeine Sinn- und Perspektivlosigkeit darstellen. Das gilt auch für AA.

Aber die Unterschiede sind deutlich: Wo Sekten eine vorgefertigte Identität zur Auflage machen, die akzeptiert werden muß, läßt AA jedem seine Individualität, fördert sie sogar. Wo

Sekten durch ein genormtes Ritual der Verehrung gegenüber einem autoritären Götterwesen geprägt sind, leistet sich AA eine Art demokratischer Gottesvorstellung – jedem seine eigene höhere Macht.

Während Sekten hierarchisch gegliedert sind, auf Führung und Gehorsam aufbauen, kennt AA nur gleichberechtigte Partner, die ihren Weg aus eigenen Erfahrungen entwickeln und sich untereinander und mit dem Programm auseinandersetzen.

Eher als zu Sekten drohen deutsche AA-Gruppen zu Vereinen zu verkommen. Bei der tiefverwurzelten deutschen Neigung zu hierarchischem Denken – das der AA-Struktur völlig wesensfremd ist – bleibt die Gefahr immer groß, daß das Programm nicht als Anregung, sondern als Befehl verstanden wird und daß Bill und Bob zu mythischen Führungssäufern hochstilisiert werden.

Das, natürlich, ist vor allem ein Männerproblem. Wenn die Schweizer AA-Freundin Silvia einst in der „Weltwoche" klagte: „Die AA-Methode … ist zu puritanisch, zu dogmatisch und nicht nur, was die Sprache betrifft, stark renovierungsbedürftig", dann drückt sich darin – neben lokalen Erfahrungen – wohl vor allem das Unbehagen der Frauen am Stil und Ton in den Gruppen aus.

Mit Trinkerinnen hat sich AA von vornherein schwergetan. Die Gründer Bill und Bob, aus der puritanisch-konservativen weißen Mittelschicht der USA stammend, konnten sich zunächst schlicht nicht vorstellen, daß eine „anständige Frau" säuft – so heftig sie auch dafür kämpften, selbst als Kranke und nicht als moralisch Minderwertige zu gelten.

Vier Jahre waren die AA-Männer ganz unter sich, bis im April 1939 die 34 jährige Marty Mann als erste Alkoholikerin zum Meeting in Bill Wilsons Haus, 182 Clinton Street in Brooklyn, New York, auftauchte. Sie war, als sie etwa vierzig Leute versammelt sah, so erschrocken, daß sie sich nicht hineintraute. Dabei war sie, Tochter eines Chicagoer Kaufhaus-Millionärs, eine lebenserfahrene und selbstbewußte Frau und überdies bei AA angekündigt. Der Psychiater Dr. Henry Tiebout, einer der ersten Ärzte, die AA öffentlich unterstützten, hatte Bill von ihr erzählt.

Marty Mann, die nach ihrem ersten AA-Treffen ihr Leben lang nicht mehr trank und später die erste US-Behörde zur Bekämpfung der Krankheit Alkoholismus ins Leben rief, hatte sich lange für verrückt gehalten. Attraktiv und reich, später auch beruflich selbständig, führte sie in London jahrelang ein Bohème-Leben mit reichlich Alkohol: „Ich konnte jeden unter den Tisch trinken." Oft schlich sie sich überdies mit einer Flasche in den Hyde-Park. Bei einer Party fiel sie aus dem Fenster, brach sich Hüfte und Kiefer, biß sich Teile der Zunge ab.

Nach ihrer Rückkehr in die USA verbrachte sie fünfzehn Monate im Sanatorium Dr. Tiebouts in Connecticut, der ihr das „Big Book" zu lesen gab. Sie haßte es. „Ich konnte die Großen G's nicht ab", sagte sie später, „ich glaubte nicht an Gott und wollte kein Buch darüber lesen." Wütend schleuderte sie es weg, sah im wahrsten Sinne rot.

Aber mitten auf der Seite, die aufgeschlagen vor ihr liegenblieb, so schilderte Marty später, habe ein Satz schwarz aus dem Rot hervorgeragt, „wie aus Holz geschnitten". Der Satz hieß: „Wir können mit unserer Wut nicht leben."

Das tat es. Sie kniete neben dem Bett und weinte. „Ich fühlte plötzlich etwas in dem Zimmer, und das Hauptgefühl war: Ich bin frei." Nach ihrem ersten Meeting besuchte sie sofort eine Freundin, die das gleiche Problem hatte. „Grennie, wir sind nicht mehr allein", brachte sie ihr die inzwischen klassische AA-Botschaft.

Heute sind etwa ein Drittel aller AAs weiblich. Und mit dem wachsenden Selbstvertrauen der Frauen beginnt sich auch der Stil in den Gruppen zu verändern. „Ich heiße Erika, bin eine Frau und will keinen Alkohol mehr trinken", pflegt eine Freundin sich seit Jahren in Frankfurt vorzustellen – sehr zum Ärger und Unverständnis der männlichen Puristen zunächst. Inzwischen ist es eine längst akzeptierte Selbstverständlichkeit. Dennoch moniert in ihrem *Weltwoche*-Artikel Silvia, die AA „viel, vielleicht alles" verdankt, nicht zu Unrecht: „Neu erwachende Lebensfreude wird schnell einmal als krankhafte Exaltiertheit abgewertet und, wer zum Übermut neigt, mit forschen oder sauertöpfischen Bemerkungen in die Schranken gewiesen."

Nicht nur Frauen, auch jüngere Männer werden von starren „Trockenleichen", die sich von den Heldenzeiten ihrer rauhen Suffzeit nicht trennen wollen, leicht abgeschreckt. Schon klagen freilich umgekehrt auch manche alte AAs über „das psychosomatische Gesülze", das Neulinge aus den Suchtkliniken in die Gruppen einschleppen. „Daß die harte AA-Sprache zu verschwinden beginnt", fand schon der alte AA-Geschäftsführer Hans, „ist auch nicht unbedingt förderlich."

AA ist gewiß eine Gesellschaft eigener Art, aber die Wandlungen im sozialen Umfeld schlagen massiv hinein. Ob das veränderte Selbstverständnis der Frauen oder das unterschiedliche Suchtverhalten der Jungen, AA wird, um überleben zu können, damit zurechtkommen müssen. Das Programm und die Traditionen der Gemeinschaft sind flexibel genug, auch solche Freundinnen und Freunde zu akzeptieren, die nicht nur Wodka und Bier, sondern auch LSD, Speed, Tabletten, Schnüffelstoffe, Kokain oder gar Heroin benutzt haben, um „high" oder „zu" zu werden. Doch ist die Neigung alter AAs groß, sich rigide gegen alle, die nicht nur gesoffen haben, abzuschotten.

Das gilt vor allem für ländliche Gebiete. In den Großstädten der USA hat die Verjüngung bereits massiv eingesetzt, und nahezu jeder zweite in New York stellt sich als „Alkoholiker und mehrfach abhängig" vor. „Das oberste Ziel aller AAs ist, nüchtern zu bleiben", hat der Arzt und nichtabhängige Vertrauensmann der Gemeinschaft, Kenneth H. Williams schon 1983 die Freunde unter heftigem Beifall gemahnt – „und wer Pott raucht, ist nicht nüchtern, wer Schlaftabletten einwirft, ist nicht nüchtern." Er könne verstehen, daß viele Ältere sich in jene Jungen nicht einfühlen können, die jetzt in Mengen aus den Kliniken kommen und in AA-Gruppen über „Schießen" und „Schnüffeln" und „Shit rauchen" reden. „Aber ihr dürft nicht vergessen, daß diese neuen Leute auch Alkoholiker sind." Er schickt sie alle zu AA: „Weil ich glaube, daß das ihr Leben rettet."

Bisher haben die Anonymen Alkoholiker ihren Ruf bewahrt, „der Inbegriff von Toleranz, Flexibilität und Unvoreingenommenheit zu sein", wie es J. T. Schwarzlose, der Direktor des Betty-Ford-Centers in Rancho Mirage, Kalifornien, ausdrückt.

In Krisensituationen sind Fragen, die für die Mitglieder so strittig waren, daß sie ihre Trockenheit gefährdeten, zumeist auf Gruppenebene entschieden worden. Es bildeten sich einfach Spezialgruppen heraus – für Homosexuelle und Nichtraucher, für Frauen und Taubstumme, in den USA für Piloten, Anwälte und Ärzte. Und nun also gibt es im provinziellen Mittelwesten auch AA-Gruppen für „Menschen über dreißig". Was natürlich heißt: wir alten Martini-Helden bleiben unter uns. Nichts gibt es in AA, was es nicht gibt – und das Gegenteil auch. Das „Ende der Konsequenz", ein von Hans Magnus Enzensberger propagiertes Markenzeichen für ein lebenswerteres Leben in unserer Zeit, haben die AAs schon lange praktiziert – wohl kein Wunder bei einer Gemeinschaft, die Kapitulation zur Überlebensvoraussetzung erklärt.

Nach einer amerikanischen Umfrage von 1974 verlassen von denen, die sich einmal ernsthaft mit den Anonymen Alkoholikern eingelassen haben, nur fünf bis zehn Prozent die Gemeinschaft für immer. Viele fallen zunächst wieder um, manche schaffen es erst nach Jahren, trocken zu bleiben. „Meine säuferische Unschuld hatte ich verloren, als ich zum erstenmal eine Gruppe ganz durchstand", sagt Paul aus Mannheim, „ich hab noch gesoffen, aber es hat keinen Spaß mehr gemacht."

Von denen, die gehen, können sich manche nicht mit den Lebensgeschichten der AAs identifizieren: die einen nicht, „weil ich so tief noch nicht war", die anderen nicht, „weil ich soviel Veränderung einfach nicht schaffe". Manchen ist der unverblümte Ton zu direkt, die Konfrontation in manchen Gruppen zu hart. Dem einen wird zuviel Psychologie betrieben, der nächste ärgert sich über Tratsch, der dritte hat für „die mit ihrem komischen Gott" ohnehin nichts im Sinn.

„AA ist nicht für alle Alkoholiker geeignet", sagt Professor Wilhelm Feuerlein vom Münchner Max-Planck-Institut für Psychiatrie. Nur, für wen AA geeignet ist und für wen nicht, kann er sowenig sagen wie, wer Alkoholiker wird und wer nicht. Einen AA-Einheitstyp gibt es nicht. Wohl aber eine einheitliche Gefahr: den Rückfall.

Immer noch mal wieder sehe ich im Traum die Hand mit dem Glas auf mich zukommen – eine halbe, eine viertel, eine zehntel Sekunde habe ich noch Zeit, dem freundlichen Flug-Steward zu sagen, daß er sich geirrt hat. Nicht das Glas mit dem Tomatensaft bietet er mir an, sondern das andere, wodkaverstärkte, die „Bloody Mary".

Aber was sage ich? „Danke" zu ihm und zu mir: „Was kann ich dazu, wenn der Trottel sich täuscht." Prost. Dann trinke ich, nach einem halben Jahr schwer erkämpfter Trockenheit, „versehentlich" wieder Alkohol. Und weil's nun mal geschehen ist, mache ich gleich weiter, volle Pulle. Als ich nach Tagen von der Reise zurückkomme, stolpere ich über die Schwelle unserer Eingangstür und fliege lang ins Haus. Es ist alles wieder beim alten.

Was sich zu einem bis heute wiederkehrenden Alptraum verdichtet hat, ist harte Realität gewesen, lange freilich, bevor ich AA kennenlernte. Alarmiert von meinen Kontrollverlusten hatte ich mir vorgenommen, ein Jahr nicht zu trinken. Aber auf dieser Reise saß ich neben einem Kollegen, der sich morgens um acht schon als „Muntermacher" eine „Bloody Mary" bestellte. Das elektrisierte mich, doch tapfer entschied ich mich für einen „Tomatensaft ohne". Richtig stolz war ich einen Augenblick auf mich. Im Grunde aber hatte der Rückfall da schon angefangen. Denn ich ekle mich vor Tomatensaft. Unbewußt hatte ich begonnen, den Irrtum des Stewards vorzubereiten. Als er dann passierte, hatte das Schicksal gesprochen, dagegen kann „man" natürlich nichts machen.

Die Angst vor dem Rückfall hat mich in meiner Trockenzeit bis heute nicht verlassen, zum Glück. Immer wieder bestärken mich schreckliche Erlebnisse mit Freunden in meiner Wachsamkeit. So erst vor kurzem, als mein Freund Leo mit Krücken auf mich zugehumpelt kam. „Ja", sagte er, noch bevor ich etwas fragen konnte, „manche brauchen wohl die harte Tour, um es zu kapieren." Eine unglückliche Liebesgeschichte. Er hatte aus Rache gesoffen, um Sie zum Bleiben zu bewegen. Als sie dennoch ging, lief er vor ein Auto, absichtlich.

Ich habe mich lange mit der Idee gewappnet, ein Rückfall wäre der sichere Tod, jeder neue Schluck ein Selbstmordversuch.

Bis eine erfahrene Freundin mir sagte: „Mensch, hör doch auf, so brutal zu dir zu sein. Mußt du dich für einen Fehler gleich zum Tode verurteilen?" Seither versuche ich, „fehlerfreundlicher" zu leben, doch rückfällig werden will ich auf keinen Fall. Ich habe zuviel gewonnen in den Jahren meiner Trockenheit.

Zum erstenmal war ich dicht vorm Kippen, unmittelbar nachdem ich die Klinik verlassen hatte. Ein Freund hatte mich nach Karlsruhe zum Bahnhof gefahren, und wie ferngesteuert bewegte ich mich in den Wartesaal und auf jenen Tisch zu, an dem ich neun Wochen vorher meine letzten beiden Biere und doppelten Himbeergeister getrunken hatte.

Ich war wie in Trance. Zwar bestellte ich einen Apfelsaft, aber mein Blick saugte sich fest an dem großen strahlend leuchtenden Bier, das ein unbekannter Tischnachbar vor sich stehen hatte. Alles verschwand um mich herum, nur das Bier trat klar, feucht und kühl aus einem wabernden Nebel hervor.

Wie abwesend winkte ich dem Kellner, bemerkte ihn dann aber lange nicht, als er neben mir stand. Die Welt – das war das Bier und ich. „Bitte sehr, mein Herr, was kann ich für Sie tun?" Die Stimme des Kellners war ungeduldig, er hatte wohl schon mehrfach gefragt. Meine Antwort kam von weit her, undeutlich. „Einen Apfelsaft", murmelte ich. Da wurde er sauer. „Aber Sie haben doch einen", fuhr er mich an. Ich sah auf, grinste in sein wütendes Gesicht, der Sog war vorbei. „Dann möchte ich eben noch einen." Nie mehr habe ich seither daran gezweifelt, daß ich Alkoholiker bin.

Heute gerate ich vor allem dann in Gefahr, wenn ich mich allzusehr von meiner Umwelt vereinnahmen lasse. Wirklich bedrohlich ist es bisher aber nur noch einmal geworden, da war ich fünf Jahre trocken. Ein Anruf störte mich, ich hatte weder Zeit noch Lust, mich ablenken zu lassen. Ja? Sie sei gerade in der Nähe, sagte eine Bekannte, ob sie nicht mal vorbeikommen solle? „Das wär doch schön, oder?" Ich hatte sie lange nicht gesehen, mochte sie gern und sagte: „Klar, ich freue mich."

Ich freute mich aber überhaupt nicht. Ich steckte bis über beide Ohren in Arbeit. Nach einem langen Urlaub hatte ich mir

*freiwillig viel zuviel aufgeladen. Das alte Gefühl, nur soviel
wert zu sein, wie ich leiste, war wieder da.*

*Immer mehr war ich unter meinen selbstgemachten Druck ge-
raten, hatte plötzlich keine Zeit mehr, AA-Freunde zu treffen,
vergaß Anrufe zu beantworten und riß nicht mehr täglich das
Kalenderblatt ab. Wenn ich mein Gefühl für Zeit verliere, ist
das ein untrügliches Zeichen, daß ich wieder besoffen zu denken
beginne.*

*Und nun auch noch der Anruf. Wir trafen uns in einem Café,
und ich erzählte ihr, die meine Krankheit kennt, die wahre
Situation. Mein Unbehagen wuchs aber eher. Ich bekam zusätzlich ein schlechtes Gewissen. Jedes Wort klang falsch.*

*Plötzlich bemerkte ich, daß ich das Glas mit Sprudel in der
Hand hielt wie früher mein Whiskyglas. Auf einmal roch ich
auch Whisky, sah im Glas die vertraute braune Flüssigkeit
schwappen, überdeutlich – selbst den Fettrand, der entsteht,
wenn man das Glas ein bißchen schwenkt.*

*Ich stellte das Glas nieder, stand auf und sagte: „Ich gehe jetzt
zum Bahnhof." Bahnhof heißt für mich Saufen: Immer wenn ich
meine exzessiven Trinkphasen startete, fing ich im Wartesaal an.
Irgendwie brauchte ich das Gefühl, abhauen zu können, auf den
nächsten Zug zu springen und zu fliehen.*

*Soweit ist es diesmal nicht gekommen. Die verhaltensthera-
peutischen Mechanismen, die ich mir in jahrelangen AA-Ge-
sprächen eingebleut hatte, funktionierten. „Heb den Telefonhörer, bevor du das erste Glas hebst." Ich sah eine gelbe Zelle
und steuerte wie eine Marionette darauf zu. Tatsächlich war der
Freund, den ich anrief, eine Viertelstunde später zur Stelle. Das
war schön, aber im Grunde nicht mehr wichtig. Der lebensge-
fährliche Rückfallbann war schon gebrochen, als ich zum Telefon ging und nicht in den Wartesaal.*

Nicht materielle Unterstützung ist gemeint, wenn bei den Anonymen Alkoholikern von Hilfe die Rede ist. Da ist der einzelne
AA – aus seiner Saufzeit ein erfahrener Nassauer – so unzugäng-
lich wie die Gemeinschaft insgesamt, die in einem Informationsblatt „falsche Vorstellungen" korrigiert: „Die Gemeinschaft AA

bietet keinen Sozialdienst an, stellt weder Unterkunft noch Verpflegung, Kleidung, Arbeit oder Geld zur Verfügung. Sie hilft dem Alkoholiker, nüchtern zu bleiben, so daß er für alle diese Dinge selber sorgen kann."

„Hilfe zur Selbsthilfe" heißt die AA-Formel, und das wichtigste Hilfsmittel ist das anteilnehmende Gespräch. Das findet nicht nur in den Gruppen statt. Die Telefonleitung ist eine Lebensader der AA-Gemeinschaft. Partner stehen immer zur Verfügung – rund um die Uhr. Sie ermutigen zu Anrufen, und sie haben zuzuhören gelernt. AAs sind keine professionellen Helfer, sie sind Freunde, die selbst hilfsbedürftig sind. Jeder ist Therapeut, jeder ist Klient, jeder Lehrer, jeder Lernender, nicht abwechselnd, sondern immer zugleich. „Nie habe ich ein so enges Geflecht sozialer Beziehungen gesehen", staunt der Psychoanalytiker Michael Lukas Moeller beim AA-Treffen in Frankfurt.

In den „Nachmeetings", den informellen Treffen nach der Gruppe in Cafés, Eisdielen und Kneipen, werden die Fäden zwischen den Zufalls-Freunden mit dem gleichen Problem enger geknüpft. AAs verabreden sich zu Spaziergängen, zum Essen und Tanzen, gehen ins Kino, quatschen am Telefon stundenlang über Sport und Einkäufe, Autos und Wetter. Freundschaften wachsen, Partnerschaften entstehen. „Arbeit im dreizehnten Schritt" sagen AAs spöttisch, wenn zwei ihre Erfahrung, Kraft und Hoffnung im Bett zu teilen beginnen. Oft, besonders wenn einer noch nicht ganz fest im trockenen Leben steht, kann das gefährlich sein für beide.

Dennoch – die Ausweitung der Beziehungen auf das soziale Leben über AA hinaus ist nicht ein zufälliges Nebenprodukt, meint der britische Forscher David Robinson. Er hält es für einen „wichtigen integrativen Teil des Genesungsprozesses". AA wird Alltag und Lebensform.

Die Schwierigkeiten liegen auf der Hand: Die bisherige Umwelt des Alkoholikers fühlt sich ausgeschlossen. Ehepartner, Freunde, Kollegen, die ihn während der „Säuferkarriere" oft unter schweren eigenen Entbehrungen und Leiden unterstützt haben, sehen sich jetzt mit Undank belohnt.

„Du mit deinem Knutschverein", empört sich Elisabeth, Frau eines Alkoholikers aus Trier, sobald ihr Mann AA erwähnt. Erklärungen will sie nicht hören. Sie ist so eifersüchtig auf die neuen Freundinnen und Freunde ihres Mannes wie Norbert aus Bremen, dessen AA-Frau sich vergeblich bemüht, ihm die Gemeinschaft zu erläutern. Er wehrt ab: „Laß mich doch mit deinem Ku-Klux-Klan zufrieden. Hab ich gesoffen oder du?"

9. „Der Säufer umarmt die Flasche, den Säufer umarmt die Familie"

Die Komplizen im Suff

Margot, meine Frau, hat nie Depressionen gekannt in ihrem Leben. Als ich aufhörte zu saufen und in die Klinik ging, versackte sie in tiefe, leere Ratlosigkeit. Als sie durch war, wußte sie: „Dein Saufen und meine Lebenseinstellung hatten miteinander zu tun. Wenn wir gemeinsam noch eine Chance haben wollen, muß jeder seinen Weg allein gehen."

Sie hat von Anfang an AA für mich ohne Vorbehalte angenommen. Daß wieder „irgendeine Ulrike aus Pforzheim" angerufen hat, daß ich montags immer und oft auch noch sonst in die Gruppe gehe, hat sie als selbstverständlichen Teil eines neuen Lebensabschnitts gesehen. Sie geht auch in Gruppen, nicht meinetwegen.

Margots Leben hat sich mindestens so grundlegend verändert wie meins, genauso zum Besseren. Sie hat genauso hart dafür gearbeitet, wenn nicht härter. „Manchmal beneide ich euch", hat sie mal gesagt, „ihr habt mit der Flasche eine konkrete Gefahr, vor der ihr euch hüten müßt. Bei mir ist alles viel diffuser." Angehörige haben es oft schwerer.

Unsere Ehe, die Clinch und Symbiose war, ist eine Partnerschaft geworden. Wir glauben, daß das auch unseren Kindern guttut. Peter, heute 37, der ältere, hat lange Angst gehabt, ich würde rückfällig werden. In Köln wollten wir – ich war gerade ein Jahr trocken – nach einem Stadtbummel noch einen Kaffee trinken, aber wir fanden kein Café, nur Kneipen. Er sträubte sich, da reinzugehen, hielt mich fest und weinte: „Da gibt es doch bloß Bier."

Als ich im Urlaub in Lugano in eine AA-Gruppe ging, die im Hinterzimmer eines Restaurants tagte, stand er hinterher aufge-

regt und kreideweiß am Eingang: „Ihr habt Bier getrunken. Ich habe es durchs Fenster gesehen." Tatsächlich hatten ein paar italienische AAs, trotz heftiger Proteste der anderen, darauf bestanden, alkoholfreies Bier zu trinken. Ich fand das besoffen – auch im sogenannten alkoholfreien Bier ist Alkohol – und habe mich an Wasser gehalten. Peter war nur schwer zu beruhigen und lange mißtrauisch.

Christine, die jüngere, ist jetzt 33. Sie weiß, daß ich Alkoholiker bin, aber sie hat, hoffen wir, nicht allzuviel mitgekriegt. Obwohl man sich da leicht täuscht: „Einmal hast du ganz furchtbar geweint", hat sie als Achtjährige erzählt, „und so komisch geschrien. Die Mama hat gesagt, du warst krank." Mit elf Jahren war Christine AA-Fan. Wenn sie jemanden mochte, fragte sie: „Bist du bei AA?" Nein, warum? „Du bist so nett." Inzwischen ist sie eher neidisch: „Ihr habt so eine einzigartige Möglichkeit, über alles zu reden. Offen und ehrlich. Und mit Zuhörern."

Daß ich ein Alkoholproblem habe, empfinden die Kinder nicht mehr als lauernde Gefahr. Es ist ein Stück Familiengeschichte für sie, die vergangen ist, vor allem für Christine. Beide trinken selbst wenig. Bei Peter habe ich aber das Gefühl, daß die Angst tief in ihm sitzt. Er spricht nicht darüber.

Auch Margot hat manchmal noch Angst. „Wenn dein Auto am Tage plötzlich vor der Haustür steht, kommen Momente von Panik", sagt sie. Sie werden seltener. Als vor einiger Zeit mein Vater starb, was mich sehr bewegte, hatte sie aber nicht einen Moment mehr die Sorge, „daß du dich aus der Belastung in den Suff retten könntest". Für Margot ist mein Trockenwerden „wie ein Stück Landgewinnung. Ich stehe nun nicht mehr auf morastigem Boden." Sie genießt es, etwa wenn wir heute gemeinsam zu Festen oder Parties gehen, daß sie „den vernünftigen Teil" an mich delegieren kann: „Ich kann mir ein Stück Verwirrung leisten, kann auch selbst mal ein Glas trinken. Und ich spüre viel Energie, weil ich nicht immer mehr glaube, darauf achten zu müssen daß du dich angemessen verhältst."

Aber bestimmte Bilder vergehen nicht. So wenig wie die Wunden, die ich ihr in meiner Saufzeit gerissen habe: „Damit muß ich leben", sagt sie, „es hilft mir nicht, wenn ich die Schattenseiten *wegdrücke. Eine gewisse Trauer ist einfach da. Die gehört jetzt zu meinem Leben, die wird auch bleiben."* Meist sind es bestimmte Orte, die solche Erinnerungsfetzen freisetzen.

Als ich aus der Klinik kam, bevor ich in meine heimische Gruppe ging, wollte ich ihr versprechen, alles wiedergutzumachen. „Das geht nicht", sagte Margot. „Du kannst es nur von jetzt ab anders machen, und ich auch."

Kein Alkoholiker tritt in seinem trostlosen Lebensdrama allein auf. Er ist umgeben von Menschen, die er in seinen Abwärtssog hineinzieht – Kollegen, Freunde und vor allem die Familie. Kindlich und charmant, wie Trinker sein können, vermögen sie immer wieder Unterstützung zu mobilisieren. Sie sind äußerst geschickt im Manipulieren, finden oft bis zum Ende Menschen, die ihren Zustand verharmlosen, ihnen die Konsequenzen ihres Verhaltens abnehmen und es ihnen leidlich gemütlich machen im Elend.

Für Familienangehörige gilt das mehr als für alle anderen. Kollegen können kündigen oder dafür sorgen, daß der Alkoholiker gefeuert wird. Freunde können sich zurückziehen, Helfer aufgeben. Aber Ehepartner und Kinder, Eltern und Geschwister müßten auch ein Stück ihres eigenen Lebens abschneiden, um sich vom Alkoholiker, den sie lieben, zu befreien. Also entscheiden sich die meisten für die einzige Alternative, die sie sehen: Sie richten sich ein und passen sich an. Daß es dafür keinen gesunden Weg gibt, wissen sie nicht.

„Der Alkoholiker umarmt die Flasche. Die Familie umarmt den Alkoholiker" – auf diesen plakativen Nenner bringt Al-Anon die Situation. Al-Anon (nach Alcoholics Anonymous) ist die Selbsthilfegemeinschaft der Angehörigen, die nach dem Muster von AA und mit dem gleichen Programm „Erfahrung, Kraft und Hoffnung" teilen. Für die heranwachsenden Kinder gibt es gesonderte Gruppen: Al-Ateen. Nach Schätzungen des zentralen Büros der Al-Anon in New York sind derzeit etwa 26 500 Gruppen in 115 Ländern aktiv, mehr als 14 700 Al-Anon- und Al-Ateen-Gruppen gibt es in den USA, etwa 940 in Deutschland.

Die Gemeinschaft Al-Anon besteht erst seit 1951. Zusammen mit ihrer Freundin Anne B. begann Lois Wilson, die Ehefrau des AA-Gründers Bill, Briefe an 87 verschiedene Gruppen zu schicken, in denen sich Angehörige von AAs locker und improvisiert zusammengeschlossen hatten. Das Ziel war, die Angehörigen anzuhalten, an sich selbst und ihre eigene Gesundheit zu denken und sich nicht weiter in ohnmächtigen Versuchen zu verschleißen, den Partner trockenzulegen, sich für ihn aufzuopfern.

Denn das war die entmutigende Erfahrung, die Lois Wilson über zwei Jahrzehnte gemacht hatte: „Alle meine Versuche, sein Trinken unter Kontrolle zu kriegen, scheiterten. Ich versuchte, mich in sein Gehirn zu schleichen, um die Schrauben in die richtige Richtung zu drehen. Vergeblich." Als aber das Trinken vorbei war und Bill sich auf AA konzentrierte, fühlte Lois sich noch immer nur als Anhängsel und als Lastesel der Familie – sie arbeitete, um Geld zu verdienen, und besorgte das Haus, das von Trunkenbolden, trockenen und nassen, wimmelte. Bill aber dachte nur an das nächste Meeting.

„Ihr mit euren verdammten alten Meetings", explodierte Lois eines Tages und warf einen Schuh nach ihm. An diesem Tag erkannte sie, daß Bill sie nicht mehr brauchte wie früher, daß sie einfach neidisch war auf die neuen Freunde und daß ihr „die wichtigen Rollen fehlten, die ich während seiner Trinkerjahre ausfüllen mußte". Es dauert aber noch fünfzehn Jahre, bis sie daraus Konsequenzen für alle Angehörigen ableitete.

Bis dahin blieb AA „eine Art Familienangelegenheit", wie sich Lois Wilson, die im Alter von 97 Jahren starb, in ihrer Autobiographie erinnert: „Ehepartner, Eltern und Kinder nahmen an den Meetings teil. Viele der Ehefrauen versuchten, selbst im Programm zu leben. Aber ihr Fortschritt war nur allgemeiner Art. Es gab nichts, was ihnen half, ihre eigenen Reaktionen zu verstehen oder zu erkennen, wie sehr ihre Gefühle denen der anderen AA-Ehefrauen ähnelten. Sie tauschten wenig Erfahrungen aus." Wie in den Saufzeiten ihrer Männer bleiben sie auch auf die trockenen Alkoholiker fixiert.

Heute gehen längst nicht mehr nur Ehepartner – was in der Praxis vor allem Ehefrauen heißt – zu den Angehörigen-Gruppen, sondern auch Eltern, Brüder und Schwestern, Lebensgefährten, Freunde, Partner aus gleichgeschlechtlichen Beziehungen, Chefs und Arbeitskollegen. Daß „eine wichtige Person in ihrem Leben ein Alkoholproblem hat", ist die einzige Voraussetzung für die Teilnahme an Al-Anon-Gruppen.

Als Gabi in Düsseldorf zum erstenmal in ein Angehörigen-Meeting ging, innerlich wundgescheuert von einem bösartigen, selbstzerfleischenden Kleinkrieg mit ihrem trinkenden Partner, war sie überwältigt „von der tiefen Ruhe in dem Raum. Da saßen bestimmt mehr als dreißig Leute, aber man hätte eine Kerze mitten reinstellen können, sie hätte nicht geflackert." Sie empfand diese Atmosphäre wie eine Erlösung. Zögernd begann sie zu reden, hörte aber bald von selbst wieder auf, erstaunt, daß niemand sie unterbrach. „Die hörten mir zu, verstanden alles. Und viele antworteten mir. Ich saugte alles auf wie ein Schwamm."

Rücksichtnahme und Höflichkeit, dazu ein Gefühl extremer Sehnsucht nach Wärme und Zärtlichkeit prägen – sagen Al-Anon-Neulinge – die Atmosphäre. Wenn sie aus dem Meeting kommen, haben viele zum erstenmal in ihrem Leben ein Stück Distanz zu „ihrem Alki". Gabi: „Du siehst ihn plötzlich aus einer Entfernung und weißt, oft nur für einen Augenblick: Das ist nicht dein Leben."

„In den ersten Jahren", schreibt Nan Robertson, „trottete Al-Anon in den Fußstapfen von AA wie ein folgsamer kleiner Pudel." Wie die Mitglieder blieb auch die Organisation allzusehr auf die Alkoholiker, als Hauptakteure, bezogen. Die Bewahrung von Ehen etwa war das oberste Ziel in den Gruppen. Daß die Termine der Meetings sich nur ja immer mit den AA-Sitzungszeiten deckten, galt als geradezu eiserne Regel. Das ändert sich. Die Al-Anon-Literatur betont heute, daß es für die Angehörigen wichtig sei, „unsere eigene seelische Gesundheit und unser geistiges Wachstum zu fördern". Trennung und Scheidung sind keine Tabu-Themen mehr. Al-Anon-Meetings finden statt, wann es den Mitgliedern paßt, nicht wann die AAs ihnen durch eigene Abwesenheit Zeit lassen.

Die Auffassung, daß Alkoholismus eine Umfelderkrankung ist, daß der Suff also auch jene krank macht, die mit einem Alkoholiker zusammenleben, gehört heute zum Selbstverständnis der Gemeinschaft. „Loslassen" heißt das Schlüsselwort auch bei Al-Anon. Die Angehörigen lernen, wie es in einem Faltblatt der Gemeinschaft heißt,

„nicht darunter zu leiden, was andere tun, oder wie sie reagieren; nicht zuzulassen, daß wir von jemandem zur Wiederherstellung seiner Gesundheit benutzt oder mißbraucht werden; nicht etwas für andere zu tun, was sie selbst tun sollten; nicht zu manipulieren, z. B. was andere zu essen, wann andere zu Bett zu gehen haben, aufstehen müssen, Rechnungen zu zahlen haben, usw.; nicht die Fehler oder falschen Handlungen eines anderen zu decken; nicht eine Krise herbeizuführen; nicht eine Krise zu verhindern, wenn sie sich aus dem normalen Verlauf der Ereignisse ergibt. Loslassen ist weder gütig noch rücksichtslos; es ist keine Bewertung der Person oder Situation, von der wir uns lösen. Es ist nur ein Mittel, uns von den nachteiligen Auswirkungen auf unser Leben zu erholen, die durch das Zusammenleben mit jemandem verursacht wurden, der an der Krankheit Alkoholismus leidet. Loslassen hilft den Familien, ihre Situation realistisch und objektiv zu sehen und dadurch vernünftige Entscheidungen zu treffen.""

In der Praxis freilich ist „Loslassen" vom Alkoholiker für die Angehörigen so schwer wie für den Trinker das „Loslassen" von der Flasche. Immer wieder legt jemand, wie sie in den Gruppen sagen, „seinen verdammten Alki auf den Tisch". Dann geht oft ein Stöhnen der Ungeduld und des Zorns durch den Raum. „Elf Jahre quäle ich mich nun damit rum", stöhnt Johanna aus Bremen, „und ich schaffe es immer noch nicht. Irgendwann, wenn ich etwas besonders schön finde, kommt der verdammte Gedanke: könnte er das doch auch so erleben."

Und immer tun sich die Frauen besonders schwer. Die überwiegende Mehrheit der aktiven Mitglieder von Al-Anon sind weiblich. „Natürlich habe ich alles längst kapiert", sagt auch Gabi, und immer wenn ich so 'n Schlüsselsatz im Meeting höre, sage ich mir: Es muß aus dem Kopf weg, tiefer. Memorier es dir in deinem Bauch."

Meine Frau Margot hat Al-Anon vor zwölf Jahren noch in der Phase der Abhängigkeit von den „besseren" AAs erlebt. Sie ist nur ungern in die Gruppen gegangen, die sich „selbstmitleidig und masochistisch mit ihren ungeklärten Beziehungen zu ihren trinkenden Partnern herumquälten". Ihr schien das „eine völlige Verkehrung der Idee".

Margot hatte überdies ein zusätzliches Handicap: als Ärztin in einer kleinen Stadt war sie bekannter als ihr lieb sein konnte. Von Anonymität keine Spur. Schnell sah sie sich in die Rolle der professionellen Ratgeberin gedrängt, während sie doch für sich selbst Hilfe und Entlastung suchte.

Der Ausweg: Margot fuhr zu Meetings der EA, Emotion Anonymous, in die nächste Großstadt: „Ich hatte sehr viel Druck damals." Dort fand sie Alkoholiker, Angehörige und andere Menschen mit seelischen Schwierigkeiten, „alle hochdifferenziert und ein bißchen fieselig", die sehr liebevoll miteinander umgingen. „Diese Gruppe war für mich eine Oase", sagt sie heute, „ich denke in Dankbarkeit und Faszination daran zurück". Vieles hat sie übernommen bis heute: daß jeder Tag der erste ist vom Rest ihres Lebens, etwa. Über ihrem Schreibtisch hängt das Schild: „Nur für heute". Vor allem aber hat sie das Zwölf-Schritte-Programm der AA schätzen gelernt, mit deren leicht abgewandelter Version auch die Al-Anons und die EA-Gruppen arbeiten.

„Und ich habe aufgeatmet unter dem Schutz der Anonymität", sagt Margot. „Keiner wußte meinen Beruf. Nicht mal am Telefon, in langen Gesprächen, habe ich den verraten. Das wäre gewesen, als wenn ein Zauber zerstört worden wäre. So blieb mir der Teil des Leidens unter meiner Professionalität erspart."

Freilich hat Margot auch als Profi aus den Gruppen Gewinn gezogen. Bei ihrer Fortbildung zur Familientherapeutin erwiesen sich ihre Erfahrungen als Frau eines Alkoholikers als ungemein nützlich. „Ich stimme der Definition des Co ohne Einschränkung zu." Co-Alkoholiker nennen AAs und Wissenschaftler alle wohlmeinenden Helfer des Trinkenden, die im Grunde nur seine Trinkzeit verlängern. „Ich weiß jetzt, daß die Trockenheit des Partners auch eine riesige Chance für die Cos in der

Familie ist. Ich weiß aber auch, wie schwer es ist, sie zu nutzen. Die meisten Partnerschaften zerbrechen daran, daß der andere nicht mitzieht."

Nicht zuletzt aber ist Margot auch klargeworden, daß es nicht nur Verluste waren, die unter dem Strich für sie persönlich aus der Ehe mit einem Alkoholiker übrigbleiben. „Es gab auch positive Abfälle. Ich wäre viel weniger an meine eigenen Ressourcen gekommen, hätte gewiß auch ein langweiligeres Leben geführt. Ich habe Alkoholiker inzwischen als Menschen kennengelernt mit einer positiven, fröhlichen, sehr aufgeschlossenen Einstellung zum Leben – wenn sie erst mal trocken sind. Ich glaube, daß unsere Gesellschaft von ihnen profitieren kann. Sie sind emotional offener und sensibler als viele andere. Viele trauen sich, ihre weiblichen Anteile in diese schreckliche Welt zu tragen."

Der wichtigste Gewinn für Margot aber ist: „Ich weiß jetzt, daß ich allein für mein Leben verantwortlich bin."

Noch viel hilfloser als die Erwachsenen stehen die Kinder dem Alkoholismus in der Familie gegenüber. Während der Trinkzeit ihrer Mutter oder ihres Vaters spielen sie im Familienverband tragende Rollen zur Stabilisierung des Systems. Sie sind Hüter eines schrecklichen Familiengeheimnisses. Furcht, Schuld- und Verantwortungsgefühle, Einsamkeit und vor allem völlige Verwirrung in einer unsicheren und spannungsgeladenen Situation überfordern sie von früh an. „Ich bin in einem kleinen Vietnam aufgewachsen", zitiert das amerikanische Nachrichten-Magazin *Newsweek* das Kind eines Alkoholikers. „Ich wußte nicht, warum ich da war. Ich wußte nicht, wer der Feind war." Mehr als 28 Millionen junge Amerikaner, schätzte *Newsweek,* sind so aufgewachsen – und etwa drei Millionen Deutsche – mit einem Gefühl des Versagens, weil sie Vater oder Mutter nicht vom Saufen abhalten konnten. Und in großer Unsicherheit darüber, was „normales Verhalten" ist. Sechs Millionen in den USA sind unter achtzehn Jahre alt und noch unter elterlicher Aufsicht.

Zur Entlastung der Situation haben sie in der Familie früh Rollen angenommen, die oft ihr ganzes weiteres Leben prägen. Sharon Wegscheider, Familientherapeutin in Austin, Texas, und selbst Tochter eines Alkoholikers, nennt in ihrem Buch „Another Chance" die kindlichen Muster: da ist der „Held" der Familie, der durch überdurchschnittliche Leistungen für positive Aufmerksamkeit sorgt. Da ist der „Sündenbock", der durch negative – manchmal kriminelle – Aktionen Beachtung findet und vom Alkoholiker und seinem Problem ablenkt. Da ist das „verlorene Kind", der scheue Einzelgänger, der durch seine Fluchten für Entlastung sorgt. Und da ist „das Maskottchen", der kleine Tunichtgut, der durch seine Clownerien für Spaß sorgt. Zwanghafter Ehrgeiz, Selbstzerstörung, soziale Isolierung und notorische Unerwachsenheit sind der Preis, den sie unter Umständen in späteren Jahren dafür zahlen.

Für die speziellen Bedürfnisse dieser jugendlichen Angehörigen entstand Al-Ateen. Laut Nan Robertson sind darin freilich nur 45 000 aktiv. In einer Broschüre stellt sich die Gemeinschaft so vor:

„Wir versuchen, Verständnis für den Alkoholiker zu entwickeln und trotzdem gefühlsmäßig Abstand von den Problemen zu bekommen. Al-Ateen hilft uns, unsere eigenen Fehler und unser eigenes Versagen, die vielleicht auf das Zusammenleben mit einem Alkoholkranken zurückzuführen sind, zu erkennen. Wir wollen nicht den Alkoholiker trockenlegen, sondern uns selbst verändern und weiterentwickeln, so daß wir auch mit unserem Leben besser fertig werden. Jeder mit einem Alkoholproblem in der Familie oder im Freundeskreis ist herzlich in einer der Al-Ateen-Gruppen willkommen."

Und beim Deutschland-Treffen der AA in Frankfurt tritt Chris aus Hamburg, ein achtzehnjähriges Mädchen, vor 5000 Menschen ans Mikrophon und erzählt von ihrem Vater, der mit AA trocken zu werden versucht, zur Zeit aber noch „experimentiert". Sie kann über die große Stimmungskanone auf allen Festen längst nicht mehr lachen. „Ich kenne alle seine Witze", sagt sie. Nachts im Traum hat sie voller Wut auf ihn eingeschlagen. „Ich habe ihn gehaßt", sagt sie. Jetzt haßt sie die Krankheit.

Unsere Kinder Peter und Christine haben nie den Wunsch geäußert, zu einer Al-Ateen-Gruppe zu gehen oder zu Al-Anon mitgenommen zu werden. Wir haben sie auch nicht dazu ge-

drängt. Sie waren zu klein, als ich noch trank. Hinterher, so Christine heute, reichte es ihnen, daß ich zu AA ging: „Die hatten aus dir einen neuen Vater gemacht."

Unlängst, auf einer Amerika-Reise aber, ist sie in San Diego mit in ein für Angehörige offenes AA-Meeting gegangen, zum erstenmal. Es war für meine Begriffe eine sehr fröhliche Angelegenheit, ein Freitagabend-Treffen, in dem sich alle auf ein langes sonniges Wochenende einstimmten. Die Zahl der Redner, die ernsthafte Probleme anschnitten, war gering. Es wurde viel gelacht, umarmt, gescherzt. Mit einem Kindergeburtstag hatte das Meeting mehr Ähnlichkeit als mit vielen der eher zu bedrückenden Treffen in Deutschland.

Christine saß mit versteinertem Gesicht dabei, aufmerksam und angespannt bis in die Haarspitzen. Vor allem faszinierte sie eine ältere Freundin, die sich deutlich ihr zuwandte. Als wir wieder auf der Straße standen, fiel sie mir plötzlich um den Hals und weinte herzzerbrechend. „Ich habe das alles verstehen können", sagte sie, „wie gut, daß du es überlebt hast".

Sie sprach nur von mir, auch später, als ich sie fragte, was AA für sie bedeute und was es ihr ausmache, Kind eines Alkoholikers zu sein. AA irritiere sie manchmal, sagt sie, „weil ich schwer festmachen kann, was die Organisation zusammenhält. Ist es eine Ersatzfamilie? Wieso redet ihr über bevorstehende Umzüge und nicht über Trinken?" Dann aber sagte sie den merkwürdigen Satz: „AA kann berauschen. In San Diego habe ich erlebt, daß ich den Verein unterschätzt habe." Das hörte sich so an, als spräche sie nicht mehr nur von mir. Und es machte mir angst.

Kinder von Alkoholikern, sagt die Amerikanerin Janet Geringer Woititz, Verfasserin des Millionen-Bestsellers „Adult Children of Alcoholics", haben oft das unterschwellige Gefühl, daß sie anders sind als andere Menschen. Tatsächlich ähneln sie den Alkoholikern in vielem, wollen US-Wissenschaftler herausgefunden haben. Eines von vieren wird selbst abhängig, sagt die Statistik. Das Verhältnis in der übrigen Bevölkerung ist eins zu zehn. Und überdurchschnittlich viele heiraten Alkoholiker oder andere Süchtige. Das freilich ist kein Naturgesetz, eher eine Disposition.

Offenkundig wird vielen Alkoholiker-Kindern erst spät klar, wie sehr sie unter dem Alkoholismus der Eltern gelitten haben, wie sehr sie davon geprägt sind. Zur Überraschung der AAs und Al-Anons ist in USA in den letzten Jahren eine völlig neue Bewegung entstanden – teils aus Al-Anon heraus, teils unabhängig davon: „Die erwachsenen Kinder von Alkoholikern" (ACA, ACOA oder COA). 1981 waren ganze vierzehn solcher Gruppen bei Al-Anon bekannt. 1986 waren es schon 1100.

Die erste deutsche Gruppe traf sich 1988 in Westberlin. In einzelnen Al-Anon-Gruppen wurde die Idee gewälzt, manche Kliniken drängten ebenfalls sehr darauf. Doch inzwischen sind die erwachsenen Kinder wieder in die Al-Anon-Gruppen zurückgekehrt. Viele Al-Anons in den Vereinigten Staaten sind erschrocken über die Wut, die sich in den Meetings der erwachsenen Alkoholiker-Kinder Bahn bricht – nicht nur auf alkoholische Väter, sondern auch auf still und märtyrerhaft leidende Mütter.

Co-Abhängigkeit, sagt Janet Geringer Woititz, das bedeutet für Kinder immer, „daß sie die Bedürfnisse anderer Menschen über die eigenen setzen". Kein Wunder, daß sie wütend werden, wenn sie es endlich merken. „Wut hat mich zur Arbeit auf dem Gebiet des Alkoholismus gebracht", sagt Patricia O., eine Psychologin und Tochter eines Alkoholikers. Von Anfang an ist sie bei der neuen Bewegung dabeigewesen: „Aus Wut über das, was mir passierte. Aus Wut über das, was ich in anderen Familien sah. Aus Wut darüber, daß für eine lange Zeit Psychiater und Psychologen so unglaublich engstirnig waren und glaubten, Alkoholismus sei kein anständiges Gebiet für Forschung und Behandlung."

Alte AAs und erfahrene Al-Anons – die gewöhnt sind an höfliches Zuhören – erinnern bei allem Schrecken über diesen „Dampfkessel der Wut" an die Anfänge der eigenen Bewegungen. Über die dramatischen Jahre nach der Gründung der Anonymen Alkoholiker, als die Regeln und Traditionen sich erst langsam herauszubilden begannen, hat Bill Wilson später gesagt: „Da passierte alles, nur kein Mord."

10. „Von der funktionierenden Anarchie"

Die Organisation von AA

Der Typ ging mir, AA-Freund hin oder her, gleich auf den Wecker. Er hatte so was Wichtigtuerisches, als käme er zur Inspektion unserer Gruppe. Walter wollte jedoch nur für mehr Mitarbeit bei den Bezirks- und Inter-Gruppen werben, für Beteiligung an den überregionalen Dienstkonferenzen und für Geld, das die Zentrale in München dringend brauche.

Walter warb aber nicht. Er versuchte, uns ein schlechtes Gewissen einzureden: Er und ein paar andere opferten sich auf für AA, und wir machten uns egoistisch einen ruhigen Lenz. Der Ton, hinlänglich bekannt von jammerigen Politikern, die nie aus eigenem Interesse etwas machen, sondern sich unentwegt aus Verantwortung für unsereinen um ein angenehmes Leben bringen lassen, störte nicht nur mich. Walter, der sich als eine Art zentralleitender Obersäufer aufführte, tat AA und sich keinen Gefallen.

Allerdings – neugierig und nachdenklich wurde ich doch. Drei Jahre ging ich nun schon regelmäßig in meine AA-Gruppen am Ort. Auch mit Broschüren und Büchern hatte ich mich eingedeckt. Daß AA sich aus eigenen Spenden erhält, war mir bekannt, regelmäßig steckte ich meinen Obulus in die Sammeldose. Dafür kauften wir Kaffee für die Gruppe. Der Pastor, der uns kostenlos einen Raum im Gemeindehaus überließ, kriegte Weihnachten einen Betrag für irgendeine sinnvolle Kollekte. Und für den – beträchtlichen – Rest organisierten wir alljährlich eine dufte Karnevalsfete. Darüber, wie AA eigentlich überregional zusammenhält, wer die Broschüren druckt und vertreibt, die AA-Informationsblätter publiziert und die Deutschland-Treffen organisierte, darüber hatte ich mir nie Gedanken gemacht. Irgendwie lief das. So ist eben AA. Punkt.

Nicht daß ich ganz ahnungslos gewesen wäre. Hin und wieder verlas irgendwer irgendwelche Termine für „Arbeitsmeetings" – und wer zu den Treffen hinwollte, der ging eben. Den Segen der Gruppe bekam er immer. Wollte er hinterher berichten, mußte er sich kurzfassen. Alle mochten lieber von sich reden oder von den Problemen der anderen hören, aber nichts über lästige Organisationsfragen.

Heute weiß ich, daß es auch Bill Wilson so gegangen ist, als er versuchte, für die „Traditionen", die Regeln für die Mindestorganisation des Zusammenlebens, in den AA-Gruppen um Unterstützung zu werben. „Bill, wir würden uns unheimlich freuen, wenn du kommst und sprichst. Erzähl uns, wo du immer deine Flaschen zu verstecken pflegtest und auch von deinen heißen Erweckungsphasen", schrieben ihm die Freunde: „Aber bitte hör auf, über diese verdammten Traditionen zu reden".

Jahre später, als ich dann erstmals vor dem nüchternen, etwas älteren Geschäftshochhaus Nr. 468 in der New Yorker Park Avenue South stand, mitten in Manhattan, war ich auf eine unbestimmte Weise enttäuscht. Das Unbehagen steigerte sich, nachdem ich im achten Stock aus dem Fahrstuhl gestiegen war – eine Geschäftsetage, als sei ich beim ADAC gelandet, hell und freundlich, aber unspezifisch. Was hatte ich erwartet? Halbdunkel? Überquellende Aschenbecher, leere Kaffeetassen, abgewetztes Mobiliar?

Fotos, Büsten, Radierungen von Bill und Bob und den anderen AAs der ersten Stunde gab es ja genug. Aber irgendwie hatte sich in meinen Erwartungen das Bild der Kontaktstelle von Gelsenkirchen festgesetzt, wo im Dunkel der Wittekindstraße das grüne Leuchtschild „Anonyme Alkoholiker" so grell in die Nacht strahlt wie die Coca-Cola-Reklame auf dem New Yorker Time Square. Und drinnen hat der sparsame Alfons das Heim gemütlich gemacht nach guter alter Säuferart – für 75 Mark beschaffte er Tische und Stühle vom Sperrmüll. Und die Tischdecken unter dem strengen Bild von Bill reichen gerade über die Kanten. Alfons hat die neu gekauften Tücher halbiert, eins muß für zwei Tische reichen.

Irgendwie so ähnlich, bestätigen AA-Veteranen in der New Yorker Park Avenue, hat es auch hier bis 1980 ausgesehen, zehn Jahre lang: unordentlich, eng, düster. Es war ebenso laut wie gemütlich. „Was für eine Müllkippe", pflegten AA-Besucher zu sagen, halb angewidert, halb daheim in ihren Erinnerungen.

Bill Wilson selbst ist vor seinem Tod nur noch ein/zweimal hier gewesen in seinem Büro. Er hätte jetzt vermutlich nicht geglaubt, was er gleichwohl vorausgesagt hat: „AA wird erwachsen." Denn was der freundliche AA-Archivar Frank mir und dem zufällig auch gerade hereingeschneiten Freund Thore aus Oslo dann vorführt, ist eine computerbestückte, hocheffiziente Business-Zentrale, verteilt auf vier Stockwerke. Es ist kein „Hauptquartier", darauf legen alle 110 Angestellten in New York wert, sondern ein Dienstleistungszentrum, das mit einem etwa Zwölf-Millionen-Dollar-Haushalt operiert und keinen Profit macht. Dreiviertel der Einkünfte stammen aus Buchverkäufen. Der Rest aus eigenen Spenden.

Der Generalmanager, zur Zeit meines Besuches noch der eindrucksvolle Bob Pearson, eine seltene Mischung aus Güte, Weisheit und smarter Professionalität, und die zehn übrigen Koordinatoren, alles AAs, arbeiten in kleinen Einzelbüros. Aber die Türen sind selten geschlossen. Jeder ist offen für Gespräche, der Umgangston ist ganz ungeschäftlich herzlich – „Business as usual" findet hier in einem sehr anderen Stil statt.

Und dann standen wir vor einem Foto vom AA-Konvent in Cleveland 1950. Hunderte von Menschen in einem großen Saal blicken zur Kamera, jeder hält sich ein großes weißes Taschentuch vor das Gesicht. „So haben sie ihre Anonymität gewahrt", grinste Frank. Es sieht aus, als habe eine plötzliche Schnupfenepidemie die Versammlung überfallen. Sie hatten aber gerade jene ungeliebten „Zwölf Traditionen" verabschiedet, die AA als Gemeinschaft überlebensfähig macht.

Gottvertrauen, Solidarität und die verzweifelte Erkenntnis jedes einzelnen, nicht mehr wählerisch sein zu können, müssen schon zusammenkommen, um eine Millionen-Gemeinschaft von unorganisierbaren Säufern in über hundert Ländern am Leben zu erhalten. Die Grundmaxime hängt in der Bremer Kontaktstelle an der Wand: „Tu, was getan werden muß, selber, gründlich und gleich."

Das kann natürlich nicht klappen. In die Telefonzentrale der Frankfurter Kontaktstelle stürzt ein AA-Freund mit hochrotem Kopf und schimpft: Hier ist keine Ordnung, keiner hat das Sagen. Ungerührt grinst Elisabeth, die das Telefon bedient: Und draußen haben alle das Sagen, aber es funktioniert auch nichts". Dann nimmt sie einen von monatlich etwa 300 Hilferufen entgegen, die an die Frankfurter gerichtet werden.

Es klappt eben doch, seit über fünfzig Jahren. Mit knirschender Lebendigkeit, die sich nur regt, wenn irgend jemand sich selbst für verantwortlich erklärt, arbeitet die Gemeinschaft. Wenn Anarchie Ordnung ohne Herrschaft heißt, dann sind die Anonymen Alkoholiker eine funktionierende anarchische Gruppe.

So sieht es auch der Münchner Rechtsanwalt Peter Borlein, der gleichwohl durch seine Funktionen und Aufgaben dieses Prinzip ad absurdum zu führen schien. Wenn er sein Münchner Postamt gleich um die Ecke von seiner Kanzlei betrat, dann schob der Schalterbeamte eilig seine Bierflasche unter den Tresen und sagte ins Telefon: „Ich habe hier den Präsidenten von die Anonyme Alkoholiker."

Borlein war aber kein Präsident, er ist nicht mal Alkoholiker. Der Anwalt war vielmehr bis 1985 Geschäftsführer eines eingetragenen Vereins, der AA in der Öffentlichkeit vertritt. „Es ist richtig", sagt er, „daß AA eine Art organisierter Anarchie ist, aber die trifft immer wieder auf eine geregelte Welt, die mit dieser Gemeinschaft nicht umgehen kann." Das Finanzamt zum Beispiel, das vor Jahren eine Viertelmillion Mark Steuern nachkassieren wollte, weil AA in die deutschen Definitionen von Gemeinnützigkeit nicht paßt.

Im Juli 1985 wurde Hans P. sein Nachfolger, ein Alkoholiker, der lange trocken war und wohltuend nüchtern wirkte. Immer hatte sich Hans gedacht: „Es muß schön sein, wenn das Hobby zum Beruf wird." Als aber dann das Angebot kam, war er selbst erschrocken, wie er sich „ja" sagen hörte. 23 Jahre lang hatte Hans als leitender Angestellter in einer Firma gearbeitet, wo man ihn noch „naß" kannte und „trocken" schätzt. Danach verdiente er bei AA etwa soviel wie in seinem alten Job. Er hatte eine unkündbare Stelle bis zum 65. Lebensjahr, konnte jedoch selbst jederzeit vorher gehen. Sein Vertrag enthielt nur eine einschränkende Klausel: „Beim ersten Schluck bin ich fristlos gekündigt." Hans P. starb – ohne Rückfall und hochgeehrt – im November 1990 an Krebs. An seine Stelle als Geschäftsführer trat der Betriebswirt Günter H., der zuvor bei einem deutschen Automobilkonzern gearbeitet hatte. Auch Günter H. ist trockener Alkoholiker.

Die deutsche AA hat einen Jahreshaushalt von etwa 600 000 Euro. Der Umsatz von Büchern ist konstant, der von Broschüren leicht rückläufig. „Ich bemühe mich, die AA-Geschäfte wie einen eigenen Betrieb zu führen", sagte Hans. So sorgfältig, meinte er, nicht so bossig. Denn er war zum Dienen angestellt, nicht zum Befehlen. So wollen es die Traditionen, und nur so kann AA funktionieren: mit Millionen Häuptlingen an der Basis und ein paar hauptamtlich arbeitenden Indianern an der Spitze.

Die Erfahrung, daß es ganz ohne eine Art Satzung nicht gehen kann, machten die AAs bereits wenige Jahre nach den ersten Gruppengründungen. Es war eine dramatische Zeit, voller Rückfälle und Rückschläge, Streitigkeiten, Gefährdungen durch Bruch der Anonymität, Parteinahme für therapeutische und politische Richtungen, Selbstzweifel – und dennoch auch eine Phase ständigen Wachstums.

Zunächst übernahm Bill zusammen mit Bob „ein gewisses Führertum". Dann formulierten sie – sechs Jahre nach den programmatischen „Zwölf Schritten" – allgemeine Prinzipien für den Zusammenhalt der Gruppen und das Auftreten der AA nach draußen. Bill Wilson, der vorantrieb, während Bob Smith eher zur Behutsamkeit neigte, kannte seine Freunde gut genug, um diese Prinzipien nicht „Regeln" oder „Gesetze" zu nennen. Trockene Alkoholiker lassen sich nicht gern gängeln, schon gar nicht von ihresgleichen.

Die Erfahrungen der gut zehn Jahre alten Gemeinschaft – vor allem die Risiken für die Einigkeit der AA – sind in diese Zwölf Traditionen als Lehren eingeflossen:

„1. Unser gemeinsames Wohlergehen sollte an erster Stelle stehen; die Genesung des einzelnen beruht auf der Einigkeit der Anonymen Alkoholiker.

2. Für den Sinn und Zweck unserer Gruppe gibt es nur eine höchste Autorität – einen liebenden Gott, wie Er sich in dem Gewissen unserer Gruppe zu erkennen gibt. Unsere Vertrauensleute sind nur betraute Diener, sie herrschen nicht.

3. Die einzige Voraussetzung für die AA-Zugehörigkeit ist der Wunsch, mit dem Trinken aufzuhören.

4. Jede Gruppe sollte selbständig sein, außer in Dingen, die andere Gruppen oder die Gemeinschaft der AA als Ganzes angehen.

5. Die Hauptaufgabe jeder Gruppe ist, unsere AA-Botschaft zu Alkoholikern zu bringen, die noch leiden.

6. Eine AA-Gruppe sollte niemals irgendein außenstehendes Unternehmen unterstützen, finanzieren oder mit dem AA-Namen decken, damit uns nicht Geld-, Besitz- und Prestigeprobleme von unserem eigentlichen Zweck ablenken.

7. Eine AA-Gruppe sollte sich selbst erhalten und von außen kommende Unterstützung ablehnen.

8. Die Tätigkeit bei den Anonymen Alkoholikern sollte immer ehrenamtlich bleiben, jedoch dürfen unsere zentralen Dienststellen Angestellte beschäftigen.

9. Anonyme Alkoholiker sollten niemals organisiert werden. Jedoch dürfen wir Dienst-Ausschüsse und -Komitees bilden, die denjenigen verantwortlich sind, welchen sie dienen.

10. Anonyme Alkoholiker nehmen niemals Stellung zu Fragen außerhalb ihrer Gemeinschaft, deshalb sollte auch der AA-Name niemals in öffentliche Streitfragen verwickelt werden.

11. Unsere Beziehungen zur Öffentlichkeit stützen sich mehr auf Anziehung als auf Werbung. Deshalb sollten wir auch gegenüber Presse, Rundfunk, Film und Fernsehen stets unsere persönliche Anonymität wahren.

12. Anonymität ist die spirituelle Grundlage aller unserer Traditionen, die uns immer daran erinnern soll, Prinzipien über Personen zu stellen.“

Die verantwortlichen Vertreter einer jährlich einmal zusammentretenden Dienstkonferenz, eine Art Aufsichtsrat, werden von den Gruppen gewählt. Sie haben keine Weisungsbefugnis. Die Anleitungen, die keine Anordnungen sein können, versuchen eine Balance zu finden zwischen dem größtmöglichen Freiheitsspielraum für jeden einzelnen und jede einzelne Gruppe sowie einem Höchstmaß an Einigkeit untereinander und im Umgang mit der Außenwelt.

Auf diese Weise ist kein Verband entstanden, sondern ein Netz von lokalen, autonomen Gruppen ohne statuarisch abgesicherte Rechte und Pflichten, ohne Beitragsverpflichtungen und ohne Karteien. Die Zentrale in New York, das General Service Office, vermittelt ein weltweites Netz von Kontakten.

Wenn Mike aus Los Angeles dieser Tage zum erstenmal in Deutschland ist, dem Land, auf das er sich zeit seines Lebens wegen des herrlichen Bieres gefreut hat und das ihm jetzt genau aus diesem Grund erhebliche Schwierigkeiten macht, weil er inzwischen trocken geworden ist, dann weiß er, wohin er sich wenden kann. Zur Verblüffung seines Geschäftspartners, dem er erzählt hat, er sei zum erstenmal in Europa, zieht Mike bei seiner Ankunft in München einen Zettel mit mehreren Dutzend Telefonnummern aus der Tasche: mit lauter Vornamen.

Gleich am ersten Abend sitzt er in einer deutschen Gruppe, versteht kein Wort und ist doch zufrieden: „Ich weiß doch, worüber ihr redet, ich sehe und fühle, was euch bewegt. Das bewegt mich auch." Von München reist Mike nach Bonn, von Bonn nach Hamburg, von Hamburg nach London. Die Meetings, in denen er abends sitzt, mögen sich im Ablauf unterscheiden, in der sozialen Zusammensetzung, in der Größe, der Intensität, der Art der behandelten Themen. Immer wird er sich unter seinesgleichen fühlen, immer ist die prägende Gemeinsamkeit der „Zwölf Schritte" und der „Zwölf Traditionen" stärker als alle Unterschiede.

Beinahe wäre ich wieder gegangen, als ich den Meeting-Raum unter der Kirche in der Park Avenue von New York endlich gefunden hatte – das sah hier nicht nach AA aus, sondern eher nach einer Sondersitzung des PEN-Clubs oder irgendeines anderen intellektuellen Zirkels. Es waren aber die „Rhinelanders", eine in der Tat von Literaten, Malern und Musikern bevorzugte AA-Gruppe in Manhattan. Mehr als zweihundert Leute hockten da, jeweils zu acht, an Tischen zusammen und lauschten der Lebensgeschichte eines „Speakers". Das ist einer jener Freunde, die in den USA ihren Weg ins trockene Leben besonders intensiv und prägnant, oft zugleich witzig und zu Tränen bewegend erzählen können. Die werden dann für eine Weile von Gruppe zu Gruppe ausgeliehen. Die lehrhafte Verknappung der eigenen Lebensgeschichte zu einem moralisch-ästhetischen Gesamtkunstwerk ist in den Vereinigten Staaten eine geschätzte Form des Dienstes.

Der Freund, dem wir an diesem Abend lauschten, war unglaublich eindrucksvoll, sprachlich von höchster Kunstfertigkeit und in jedem Augenblick authentisch. Es sollte nicht meine einzige Überraschung bleiben: als der „Speaker" ein Thema vorgeschlagen und zum Rundgespräch an die Einzeltische abgegeben hatte, entpuppten sich fünf der acht Leute an meinem Tisch als Kollegen aus der schreibenden Zunft. Die sechste war Sängerin, der siebte gab sich im Gespräch als „Direktor einer der größten amerikanischen Banken" zu erkennen.

Der Abend in New York war der erste Höhepunkt einer Dienstreise, die mich für Wochen kreuz und quer durch Nordamerika führen sollte. AA war immer nur Erholung nach anstrengender Arbeit, aber nie habe ich die Gemeinschaft intensiver kennen- und lieben gelernt, immer aufs neue begeistert von der Einheit in atemberaubender Vielfalt. Schon am nächsten Abend gelangte ich, genauso unvorbereitet, an ein anderes Extrem: in eine vorwiegend schwarze Gruppe in Boston, die mehr einem „Gospel"-Gottesdienst glich als allem, was ich bisher bei AA kennengelernt hatte. Ein hochgewachsener, weißhaariger alter Mann, auf Krücken vor der Gruppe stehend, dirigierte die Versammelten mit zärtlich-spöttischen, fast gesungenen Kommentaren von Wortmeldung zu Wortmeldung. Er war dreißig Jahre trocken, weise und heiter, was nicht leicht sein konnte in all dem Elend, das in seiner Gruppe zur Sprache kam.

Dann folgten eine kleine, fast familiäre Gruppe in der Harvard-Universität, am nächsten Tag eine reine Männergruppe in Cleveland, alles Stahlarbeiter, die meisten arbeitslos. Da fand ich Bitterkeit und Zorn, aber auch viel gelassene, lebenspraktische Klugheit.

In Columbus, Ohio, geriet ich in ein Mittagsmeeting. Sekretärinnen, Verkäuferinnen und Angestellte einer Versicherungszentrale erleichterten sich von ihrem Alltagsseelenmüll, während sie Hamburger mampften und Cola tranken, ganz wie man sich

*Amerika vorstellt. Es folgte Muskogee in Oklahoma – eine lang-
weilige Kleinstadt, wo das Meeting am Abend immerhin ein
Treffen der am wenigsten langweiligen Bewohner des Kaffs ver-
sprach. Es wurde noch spannender: plötzlich, der Gruppensprecher verlas gerade die Präambel, ging die Tür auf, und hinein
drängten acht junge Männer, alle tätowiert und von rauhbeini-
gem Gehabe, die aber artig Platz nahmen und zur Kaffeekanne
griffen. Es waren Häftlinge des örtlichen Gefängnisses auf AA-
Ausgang. Die Schließer warteten draußen.*

*In die Homosexuellen-Gruppen in Los Angeles bin ich zufäl-
lig geraten. Es war eines der herzlichsten, einfühlsamsten und
ehrlichsten Meetings, in denen ich je war. Gezielt ging ich dagegen in eine andere Gruppe in dieser schillernden Riesenstadt,
sie nannte sich „Fünf und Zehn". Freunde hatten mir geraten,
möglichst eine Stunde vor Beginn dazusein, dieses Treffen in
Santa Monica sei sehr beliebt, ich würde staunen. Und wie ich
staunte – Porsches, Jaguars, Ferraris, Mercedes, BMWs, Lancias
und schwere Luxus-Motorräder standen wie zur Parade aufge-
baut vor der Tür. Auf dem Rasen vor dem Gemeindezentrum
schienen sich alle „beautiful people" von Hollywood versammelt
zu haben – ein wunderschöner Jahrmarkt der Eitelkeiten. Ein
Freund, der fünf Jahre trocken war, erzählte eine halbe Stunde
aus seinem Leben, einer, der zehn Jahre bei AA hinter sich hatte,
redete danach 45 Minuten. Keine Wortmeldungen dazu, nur
eine mehr als einstündige Pause dazwischen, eine Art Café-
Cocktail-Party.*

*AA ist schick in Kalifornien, die Anwesenden empfanden das
nicht als Vorwurf. – „Na und", sagte die hübsche Jennifer, „dann
ist es eben schick, um so besser." Als ich ging, hatte ich folgende
Angebote: fünf Party- und drei Essenseinladungen, ein Appart-
ment am Meer zu freier Verfügung für die Dauer des ganzen
Monats, freie Fahrt auf dem Soziussitz einer prächtigen Harley-
Davidson für Fahrten kreuz und quer und solange ich wollte
durch Los Angeles unter der Bedingung, daß ich dem Besitzer,
einem Drehbuchschreiber, soviel wie möglich über den deutschen Schriftsteller Uwe Johnson erzählte, endlich freie Behandlung auf der Intensivstation eines Unfallkrankenhauses. Und*

zwar von dem Arzt, der im Film „ET" den Arzt gespielt hatte, und seiner hübschen norwegischen Frau – im Film, im Leben und bei AA seine Partnerin.

Ob Bill Wilson das alles geahnt hat, als er mit Bob seine „Kettenreaktion" begann? John, auch er ein Arzt und jener Sprecher des Tages, der zehn Jahre trocken war, kam gerade zurück aus Akron, Ohio. Er hatte „die alten Stätten" besucht, wo alles anfing, und natürlich auch Meetings dort. „Wißt ihr, die machen das komisch da in Akron", sagte er mit selbstironischem Grinsen, „so altmodisch und ernst. Ich glaube, die wissen gar nicht richtig, wie AA geht."

Nach US-Vorbild haben sich AAs auch in der Bundesrepublik Deutschland, Österreich, der Schweiz und Südtirol organisiert. Neben, nicht über den lokalen Gruppen entsteht so etwas wie ein kommunikatives deutschsprachiges Gesamtgebäude. Die einzelnen Gruppen wählen, wenn sie Lust haben und sich ein Interessierter findet, einen Vertreter für die Regionalgruppe. Aus der werden zwei Freundinnen oder Freunde in die zuständige Intergruppe entsandt. Im Raum der deutschsprachigen AAs gibt es zwölf Intergruppen – je eine in Österreich plus Südtirol und in der Schweiz, zehn in Deutschland. Oberste organisierte Instanz der Gemeinschaft ist die Gemeinsame Dienstkonferenz (GDK), in die jede Intergruppe sechs Delegierte schickt. Diese Versammlung – „das versammelte Gruppengewissen" der deutschsprachigen AAs – diskutiert und entscheidet Fragen, die AA als Ganzes betreffen. An dieser nur einmal im Jahr tagenden Konferenz nehmen auch sechs Nichtalkoholiker teil, die der Gemeinschaft angehören: Kenner in Sachen Alkoholismus – Ärzte also, Sozialarbeiter, Richter, Pastoren.

Alkoholiker, die sich freiwillig für solche Aufgaben zur Verfügung stellen, opfern viel Zeit. Heino, von der Intergruppe West, sagt: „Ohne AA wäre ich nicht mehr am Leben, und so finde ich es völlig in Ordnung, daß ein Drittel meiner Zeit für den Beruf draufgeht, ein Drittel für die Familie und ein Drittel für AA."

Die Spanne der Themen in den gemeinsamen Dienstkonferenzen ist weit. Es wird gewählt, Neuerungen und Anstände werden erörtert, die Finanzlage besprochen, die jährlichen Deutschland-Treffen vorbereitet. Aus den Berichten der Intergruppen-Vertreter ergibt sich ein vages Gesamtbild vom Zustand der AA im Lande, werden Trends sichtbar, überall auftretende Schwierigkeiten oder Erfolge. Nichts kann deutlicher machen als diese Berichte, daß AA keineswegs aus lauter Heiligen besteht. Es menschelt beträchtlich.

Peter aus Bochum berichtete Ende 1987, auf einer Sitzung in Hamburg, etwa darüber, wie schwierig es ist, Telefonkontaktstellen ganzwöchig und gar über den Abend hinaus zu betreiben. In Gelsenkirchen beteiligten sich 34 Gruppen am Dienst, dennoch ist die Zentrale sonntags oft nicht besetzt. In Wuppertal fehlten meist montags Leute. Dortmunder Pläne, den Telefondienst von 14 bis 22 Uhr zu besetzen, blieben nur Pläne. Peter: „Die AAs sind mit ihrer Trockenheit nicht automatisch bessere und fleißigere Menschen geworden. Fürs Image wollen alle eine Telefonzentrale, aber dann bleibt die Arbeit an zwei, drei Leuten hängen. Fahren die mal in Urlaub, kriegen sie kaum Ersatz."

Manfred aus Stuttgart berichtete von Protesten in den Bezirksgruppen gegen Einsparungen bei Großveranstaltungen. Die ärgerten manchen AA, denn solche Großtreffen waren beliebt wegen der aufbauenden Gemeinschaftsstimmung, aber auch wegen der demonstrativen Schau neugewonnener bürgerlicher Reputierlichkeit nach außen. Die sparsamen Kassenhüter der Bezirksgruppen bekamen dann den Zorn der Enttäuschten in ihren Heimatgruppen zu spüren. „Viele wollen ihren ,Fruscht' loswerden und machen das mit kräftigen Tritten gegen unsere Schienbeine. Aber was weh tut, das bringt es", fügt er mit masochistischer Gelassenheit hinzu.

Der Ton bei diesen Arbeitstreffen ist meist freundschaftlich, obwohl es auch harte Auseinandersetzungen gibt. Viele Delegierte bestätigen aus eigener Erfahrung, was sich schon Bill Wilson versprochen hat: daß nämlich nicht nur die „Schritte", sondern auch die „Traditionen" Hilfen zur Selbsterziehung und Lebensbereicherung sein können. Er nannte sie „Übungen in

Bescheidenheit, die unser tägliches Leben bestimmen können und uns vor uns selbst schützen".

Aber, wie oft bei AA, ist auch das Gegenteil wahr. Natürlich steigern solche Ämter, so dienend sie auch gemeint sind, nicht nur das Selbstwertgefühl, sondern sie verführen auch zur Machtausnutzung. Der selbstgerechte AA-Funktionär ist nicht nur eine potentielle Gefahr, es gibt ihn. Er redet in Insider-Kürzeln davon, daß der RA-NA im HA über ein LG/AM–Papier referiert hat, das der GDK vorgelegt werden soll. Dabei beruft er sich auf das „informierte Gruppengewissen". So spricht, spottet ein Robert in den internen Mitteilungen, der „AA-Überbau-Vereins-Apparat".

Daß dennoch – trotz unverkennbarer Neigung zu hierarchischem Denken bei „denen da oben" wie „unten an der Basis" – auch in der deutschen AA keine alkoholischen Führer groß werden können, dafür sorgt nicht nur das Rotationsprinzip, das in den überregionalen Gruppen niemanden länger als zwei Jahre in einer Funktion duldet. Dafür sorgt vor allem die Forderung nach Anonymität.

Viele Außenstehende sehen im Anonymitätsprinzip der AA vor allem eine Schutzfunktion für den einzelnen, was auch richtig ist. Ein früherer Drogenbeauftragter der Bundesregierung, Professor Manfred Franke, interpretierte diese Schutzhaltung sogar als Ausdruck eines Minderwertigkeitsgefühls: „Die verkriechen sich doch." Tatsächlich aber ist derzeit in Deutschland, ähnlich wie es David Robinson aus England berichtet und wie es in den USA sichtbar wird, in den Gruppen eher ein Trend zu verspüren, sich so öffentlich zu seinem Alkoholismus zu bekennen, wie es der Schriftsteller Ernst Herhaus mit seinem Buch „Kapitulation. Aufgang einer Krankheit" getan hat.

Befürworter dieser Haltung argumentieren, daß AA damit mehr über sich und über die Krankheit unter die Leute bringen könnte, daß das positive Beispiel gelungener „Genesungen" ermutigend sei und daß überdies die Zusammenarbeit mit der professionellen Suchtkrankenhilfe erleichtert werde.

Nichts deutet aber darauf hin, daß AA als Gemeinschaft bereit wäre, diesen Vorschlägen zu folgen. Im Gegenteil: die internationalen Dienstkonferenzen setzen sich verstärkt für eine schärfere Auslegung der Anonymitätsregeln ein. Freilich – Sanktionen kann AA gegen niemanden ausüben, nur mahnen und Unbehagen ausdrücken. Das Problem ist so alt wie AA. Nach großen Anfangsschwierigkeiten – Bill Wilson war arg in Versuchung, sich für die Titelseite des Nachrichtenmagazins *Time* fotografieren zu lassen, allerdings nur von hinten – kamen die AAs überein, die Anonymität als einen Akt der Demut zu betrachten. Sie beschlossen, sich selbst als Personen den Prinzipien der Gemeinschaft zu unterwerfen und sich aus allen Fragen der medizinischen Fachdiskussion, der politischen Erörterung und der religiösen Auseinandersetzung herauszuhalten. Bill: „Wir sind sicher, daß Demut, ausgedrückt durch die Anonymität, der größte Sicherheitsfaktor ist, den die Anonymen Alkoholiker jemals haben können."

Was für die öffentliche Auswirkung gilt, gilt auch für den Stil der Gemeinschaft in den Gruppen: AA wäre in kürzester Zeit keine klassenlose Gesellschaft mehr, wenn jeder seinen Rang und seinen Reichtum, seinen akademischen Grad und seinen Namen mit in den Meeting-Raum brächte. So heißen sie alle Hans und Fransziska, ob sie nun Herr Hinz oder Frau Kunz sind, Herr Dr. Krethi oder Frau von Plethi.

Natürlich heiße ich nicht Horst Zocker. Natürlich habe ich die Namen aller erwähnten AA-Freunde und ihre Herkunftsorte verändert. Aus den Gruppen erzähle ich nur, was ich dort erlebt, empfunden und gesagt habe. „Was du hier siehst, was du hier hörst, laß es in diesem Raum." Ein solches Schild hängt in vielen Meeting-Zimmern, sollte in allen sein. Soweit in diesem Bericht Freunde zitiert werden, haben sie sich außerhalb der Gruppe geäußert, wissend zu welchem Zweck. Meine Urteile und Einschätzungen dessen, was in AA vorgeht, sind keine offiziellen oder halboffiziellen Verlautbarungen der Anonymen Alkoholiker. So etwas gibt es nicht, jeder redet nur für sich und in eigener Verantwortung über das, was er bei AA erlebt.

In meinem Freundeskreis und am Arbeitsplatz mache ich kein Geheimnis daraus, daß ich Alkoholiker bin und zu den AAs gehe. Ich schäme mich nicht, eher im Gegenteil. Aber ich lockere dort auch deshalb meine Anonymität, weil ich so für noch trinkende und notleidende Kollegen und Freunde als Anlauffigur sichtbar bin.

Und in meiner Stammgruppe habe ich kaum noch Geheimnisse. Da weiß zum Beispiel jeder, daß ich das Pseudonym Horst Zocker für die Öffentlichkeit gewählt habe, weil der Therapeut, der mir vor zwölf Jahren am meisten geholfen hat, Horst hieß. Und weil seine größte Hilfe darin bestand, mir zu mißtrauen: „Du alter Zocker schaffst es nie." Wenigstens die allererste Zeit, glaube ich heute, bin ich gegen ihn trocken geblieben. Jetzt habe ich ihm zu danken.

Nach so vielen Meetingstunden, nach so vielen Krisen, Erfolgen und Zweifeln wissen die Freundinnen und Freunde auch viel über mich und mein Leben, der eine oder der andere vielleicht mehr als ich. Ich vertraue ihnen. Ich mußte ihnen vertrauen, um überleben und mich ändern zu können. Ich mußte reden, reden, reden. Was sollte da anonym bleiben? Kleidung, Sprache, Berichte aus dem Alltag, wenn sie ehrlich sind, verraten immer mehr, als man als Sprechender ahnt. Aber ich habe mein Vertrauen auch nie bereuen müssen.

In fremden Gruppen gebe ich nicht soviel preis. Ich habe lernen müssen, daß manchmal schon ein bißchen für den Nachbarn zuviel sein kann. Einem jungen amerikanischen Freund in Phoenix war mein „lustiger Akzent" aufgefallen: „Woher kommst du?" Nun hätte ich sagen können, daß ich Ausländer sei und weiter darüber nicht reden wolle, und alles wäre gut gewesen. Aber ich sagte: „Aus Deutschland." Es entstand eine lange, zunehmend unbehaglichere Pause. Dann sagte er: „Ich weiß nicht, ob ich neben dir sitzen bleiben kann. Ich bin nämlich Jude."

Ron, so hieß der Freund, blieb aber sitzen, guckte mich nur starr, fast herausfordernd an. Das Meeting hatte noch nicht begonnen. „Hilft es dir, wenn ich mich woanders hinsetze?" fragte ich, blieb aber auch sitzen, als er nicht antwortete. „Hör zu, Ron", sagte ich dann: „Ich bin nicht hier, weil ich Deutscher bin, sondern weil ich gesoffen habe und das nicht mehr will. Und ich denke, du bist auch nicht hier, weil du Jude bist." Dann schwie-

gen wir beide, das ganze Meeting über. Es war bedrückend, aber ich brachte es nicht fertig, vor den anderen darüber zu reden. Er sagte auch nichts. Niedergeschlagen ging ich.

Im Vorraum kam er mir nachgelaufen: „Ich möchte mich bei dir entschuldigen", sagt er, „ich habe mich blöd benommen." Als ich abwehren wollte, fügte er hinzu: „Doch, doch, blöd. Du mußt nämlich wissen, daß mir mein Judentum ziemlich egal ist. Aber ich hatte einfach noch nie einen Deutschen gesehen." Er beharrte darauf, daß er mir auf seiner Gitarre ein paar Lieder spielen wollte. Als „Wiedergutmachung". Das war sein Wort, er konnte es auf deutsch.

Hätte ich meine Nationalität für mich behalten, wäre all das nicht geschehen. Reden ist Risiko, aber das ist Leben. Und Schweigen kann tödlich sein. Das hat mich Franz gelehrt. Niemand wahrte seine Anonymität so eisern wie er. Drei Jahre lang saß er in meiner Stammgruppe, die längst auch seine war. Er heiße Franz und sei Alkoholiker. Mehr hat er nie gesagt. An einem Abend aber, ich leitete das Meeting, sah ich, wie er plötzlich beim Rundgespräch das Gesicht zur Grimasse verzog.

Da durchbrach ich die Regeln und fragte ihn direkt, ob er nicht sagen wolle, was ihn gerade bewege. „Na gut", antwortete er da, „ich habe mir gerade Gedanken darüber gemacht, an welchen Baum ich bei der Rückfahrt meinen Wagen prallen lasse." Als er unser Entsetzen merkte, erzählte er erstmals von sich: Er sei Arzt, und für die Arbeit mit seinen Patienten profitiere er sehr von AA. Aber sich selbst könne er nie verzeihen, daß er den Suff nicht unter Kontrolle gekriegt habe. Er betrachte sich als gescheitert. Endgültig. Eine Weile kam er noch, redete aber nie wieder. Dann blieb er fort. Am Telefon ließ er sich verleugnen. Nach Jahren sah ich seine Todesanzeige: „Plötzlich und unerwartet".

Das Fazit der „Zwölf Traditionen" wie der „Zwölf Schritte" von AA heißt: „Du bist verantwortlich." Für die eigene Gesundheit, aber auch für die der anderen, soweit es die eigene Kraft zuläßt. Daran aber scheint es derzeit etwas zu mangeln. Der zunehmende Bekanntheitsgrad der AA in Deutschland irritiert manchen, der schon lange dabei ist. Im Hauptausschuß sorgen sich die AAs und auch die zugewählten Nichtalkoholiker zeitweise, ob die Gemeinschaft das schnelle Wachstum verkraften kann.

Nicht daß die AA plötzlich all ihre Tugenden vergessen hätten. Aber Anzeichen häufen sich, die einen Hang zur Bequemlichkeit signalisieren. Eine allgemeine Haltung, sich von den Gruppen versorgen zu lassen, ohne selbst sonderlich viel Anteilnahme für andere, besonders für Neue, aufzubringen, bedrückt derzeit manchen AA-Oldtimer. Wer als Unbekannter in ein Meeting kommt, wird vielerorts noch so herzlich und liebevoll begrüßt wie eh und je. Aber es kann ihm auch widerfahren, besonders in den Großstädten, daß er eher argwöhnisch als erfreut betrachtet wird. Schon der AA-Geschäftsführer Hans aus München, der viele Gruppen besuchte und den die meisten AAs kannten, registrierte manchmal ein fast „körperliches Zusammenzucken" beim Anblick eines Fremden in der Gruppe. „Wir sind satt und dick geworden und auf dem Stuhl festgewachsen", sorgte er sich.

Sein Nachfolger, Günter H., fürchtet ebenfalls, daß AA ein bißchen zu selbstgenügsam vor sich hindämmern könnte. „Wir sind, was die Gesellschaft nicht ist – Vorbild", behauptet er. Aber wenn es denn wahr wäre – was hilft ein Vorbild, das sich versteckt? In Wahrheit ist auch er, der angestellte Leiter der deutschen AA-Dienstzentrale aus München, nicht glücklich über den gegenwärtigen Zustand von AA. „Wir stagnieren", sagt er, „die Gemeinschaft wächst zu wenig." Eine Umfrage im Jahre 2000 hatte ergeben, dass bei den Meetings im Lande nur 0,08 Prozent der Teilnehmer unter 21 Jahre alt waren. Bis zu 30 Jahre alt waren zusätzlich 6,15 Prozent. Die Mehrheit der aktiv an den Gruppen teilnehmenden AA, zusammen 68 Prozent, waren zwischen 41 und 70 Jahre alt.

Nun haben ähnliche Befürchtungen ältere AAs schon vor vierzig Jahren geäußert. Auch gehört es zur inneren Ehrlichkeit von AA, solche Besorgnisse nicht zu unterdrücken. Es mag überdies sein, daß die in jüngster Zeit beobachtete Neigung zu einer behäbigen Selbstisolierung eher ein Zeichen von Hilflosigkeit ist als von Bequemlichkeit. Lothar Schmidt, ehemaliger Chefarzt der Psychosomatischen Abteilung des jüdischen Krankenhauses in Berlin und lange Mitglied des Hauptausschusses von AA, hatte schon vor Jahren gewarnt: „AA in Deutschland wächst zu schnell in die Breite und zu wenig in die Tiefe."

In dieser Situation wird spürbar, daß in vielen deutschen Gruppen eine Institution fast unbekannt ist oder nicht praktiziert wird, die in den USA für selbstverständliche Kontinuität sorgt: die Sponsorschaft. Dort sucht sich jeder AA-Neuling auf Anraten der Gruppe einen erfahrenen AA, zu dem er Vertrauen hat, als eine Art individueller, freundschaftlicher Stütze. In einer AA-Broschüre heißt es dazu:

„Ein AA-Sponsor kann keine der Dienstleistungen erbringen, die in das Programm eines Sozialarbeiters, eines Arztes, einer Krankenschwester oder einer Eheberatung gehören. Ein Sponsor ist ganz einfach ein nüchterner Alkoholiker, der dem Neuen hilft, ein Problem zu lösen: Wie er trocken bleibt und nüchtern wird. Der Sponsor kann diese Hilfe nicht durch auswendig gelerntes Wissen, durch professionelle Schulung leisten. Er gibt nur seine persönliche Erfahrung und Wahrnehmung weiter. Auch ein Sponsor war einmal ein Neuer, der versuchte, mit dem AA-Programm die gleichen Probleme in den Griff zu bekommen, denen sich der Neue jetzt gegenübersieht."

Zur 50-Jahr-Feier der deutschen Anonymen Alkoholiker trafen sich im Mai 2003 etwa 5000 Teilnehmer in Erfurt. Das Jubliäum fand in aller Stille statt. Keine öffentliche Werbeschrift kündigte das Treffen an. Kein Transparent empfing am Bahnhof die Besucher. Thüringens Sozialminister Frank-Michael Pietzsch, der die über 5000 Festteilnehmer begrüßte, mußte mit der ungewohnten Erfahrung leben, daß weder Fotografen noch Kameraleute seinen Auftritt festhielten – die Anonymen Alkoholiker (AA) aus der Schweiz, Österreich, Südtirol und Deutschland, die sich in Thüringens Hauptstadt zu ihrem Jahrestreffen einfanden und den 50. Jahrestag der AA in Deutschland feierten, meinen es ernst mit ihrer Öffentlichkeitsabstinenz.

Das ist ihre Stärke und zugleich ihr Problem.

Bundespräsident Johannes Rau hatte dieser „wundersamen und weltweit größten Selbsthilfegruppe" zu ihrem Jubiläumstreffen ein überaus anerkennendes Grußwort geschickt. „Sie bieten Hilfe ohne altklug erhobenen oder strafenden Zeigefinger, Hilfe durch Gemeinschaft und Solidarität", schrieb Rau. Und sie tun das ohne Unterstützung durch Dritte: „Das ist für sich genommen schon etwas Besonderes in einer Zeit, in der häufig erst nach der Höhe der Fördermittel gefragt wird."

Immerhin wehten die weißen Fahnen der Gemeinschaft vor dem Erfurter Messegelände schon direkt an der Straße – jeder konnte das blaue Dreieck mit den rätselhaften Buchstaben AA bloßen Auges erkennen. Aber ob einer wußte, wofür sie stehen? In Thüringen gibt es 50 000 Alkoholiker, aber nur 16 Gruppen, in Erfurt 2.

Dennoch – daß die AA-Idee sich in Deutschland durchgesetzt hat, daran gibt es keinen Zweifel. Auch hier gilt, was, bei aller Selbstkritik, Bob Pearson seinen amerikanischen Freunden nach einem Vierteljahrhundert eigener Trockenheit über den Zustand der Gemeinschaft sagte: AA ist „bei weitem größer, gesünder, dynamischer, schneller wachsend, weltumspannender, dienstbereiter, auf das Wesentliche bezogener und spiritueller" als 25 Jahre zuvor. Bob: „Das Gedeihen der AA übertrifft die wildesten Träume der Gründungsmitglieder, ausgenommen vielleicht Bill. Denn der war wirklich visionär."

11. „Alkoholismus ist Auffassungssache"

AA aus der Sicht der Gesellschaft

Zu meinen Lieblingsfotos gehört seit meiner Trockenheit jenes, das mich im lebhaften Gespräch mit einem amerikanischen Politiker zeigt, der gerade beschlossen hatte, Präsident der Vereinigten Staaten von Amerika zu werden. Zum Zeitpunkt unseres Treffens im Washingtoner Kongreß müssen wir wohl beide, ohne es voneinander zu wissen, so um die zwei Promille dringehabt haben, Wodka.

In meinem Büro war am Morgen vor dem Gespräch noch der Notarzt aufgekreuzt, weil ich nach einer „Nachtsitzung" mit schwerer Arbeit an Manuskript und Flasche zusammengeklappt war. Ich weigerte mich aber, mich in eine Klinik einweisen zu lassen, schließlich hatte ich ein wichtiges dienstliches Gespräch vor mir. Eine halbe Flasche Wodka machte mich wieder fit.

Der Politiker, seit Jahrzehnten in Washington als besonders pflichtbewußt und korrekt bekannt, fiel wenige Zeit später öffentlich auf, als er nächtens einer kreischenden Nachtclubsängerin aus seiner schwarzen Dienstlimousine heraus bis in ein Springbrunnenbecken nachsetzte. Später hat er erzählt, daß er während seiner Büroarbeit pro Tag heimlich zwei Flaschen Wodka zu trinken pflegte. Heute hätte ich ihn gern gefragt, wie er das Leergut beiseite schaffte, denn die Spurenvernichtung war für mich immer ein schweres Problem. Leider ist es mir bisher nicht gelungen, ihn zu treffen, obwohl auch er seit vielen Jahren bei AA ist.

An jenem Tag jedenfalls führten wir, voll wie die Hacken, ein seriöses politisches Gespräch. Es wurde ohne Veränderung von meiner Redaktion abgedruckt, ja, sogar als besonders lebendig gelobt. Nur die Wirtschaftsredaktion bejammerte einen kleinen Schönheitsfehler: eigentlich hätte es vor allem um Zollschran-

ken, Handelsbarrieren und einen drohenden europäisch-amerikanischen Wirtschaftskrieg gehen sollen. Ein Kollege war extra mit neuesten Zahlen bewaffnet aus Brüssel angereist. Er hatte aber kaum eine Chance. Der werdende US-Präsident wischte das Thema souverän vom Tisch: „Sie haben Ihre Zahlen, ich habe meine."

Statt dessen begann er munter darüber zu spekulieren, wie sich wohl die Welt ausnehme, wenn man sie vom Schreibtisch des Weißen Hauses aus besehe. Ich stieg sofort ein: Wir redeten über Zwänge und Tücken des politischen Geschäfts, über menschliche Schwächen und Eitelkeiten, über Amerikaner und Ausländer als solche. Es war ein bißchen tratschig, sehr zynisch und voller boshafter Anmerkungen, kurz: wunderbar. Wir genossen es beide.

Der arme Wirtschaftskollege versuchte mehrmals auf das Handelsthema zurückzukommen, aber der Amerikaner fertigte ihn jedesmal ab. Ich half dem pflichtbewußten Wirtschaftsfachmann nicht mal mit einer Geste, er störte auch mich. Anschließend war er zwar sauer, aber auf die Idee, daß er es mit zwei notorischen Trunkenbolden zu tun gehabt hatte, ist er nie gekommen. Natürlich tranken wir Wasser.

Im Abstand von vielen Jahren erscheint mir diese Geschichte nicht nur bemerkenswert, weil wir – obwohl stockbetrunken – noch so unauffällig, wenn auch etwas verquer in unseren Rollen funktionierten. Sie scheint mir auch geeignet, das ambivalente, unterschwellig aggressive, moralisch aufgeladene Verhalten der „normalen" Öffentlichkeit gegenüber Trinkern, auch trockenen, die sich als AAs zu ihrer Sucht bekennen, zu erklären.

„Der Süchtige führt uns Verhaltensweisen vor, denen gegenüber wir nur schwer gelassen bleiben können", bekannte 1985 Aldo Legnaro auf einem Kongreß vor Suchthelfern, Therapeuten und Betroffenen in Karlsruhe: „Er führt uns vor, daß die Selbstkontrolle, die wir agieren, auch Zwanghaftigkeit beinhaltet, er führt uns eine Form der Verweigerung und des inneren Aussteigens vor, die verleugnete Bedürfnisse in uns wachruft. Von dieser noch eher unbewußten Wahrnehmung zur bewußten Verachtung ist es dann nur ein kleiner Schritt: Im Süchtigen bestrafen wir, was wir uns selbst nicht zulassen können."

In Washington hatten der Politiker und ich unser Aussteigen aus der zwanghaften Selbstkontrolle noch im Rahmen halten können, durch Täuschung und halbe Konzessionen. Der Kongreß in Karlsruhe aber handelte erklärtermaßen von denen, die ihr abweichendes Verhalten nicht mehr verbergen können oder wollen. Und von denen, die es sich zur Aufgabe gemacht haben, sie wieder zurückzuholen.

Nicht zufällig geriet daher dieser Kongreß selbst, veranstaltet von der Deutschen Hauptstelle für Suchtgefahren zum Thema „Sinnfrage und Suchtprobleme" – bei aller engagierten Ernsthaftigkeit der Helfer, bei allen verdienstvollen Beiträgen und Überlegungen der Referenten – zum Beweis für die These Legnaros. Je länger die Diskussionen dauerten, desto unbehaglicher fühlten wir „Betroffenen" uns. Die Praktiker der Suchtarbeit mochten noch so einfühlend und „mitgehend" ihre Helferaufgabe darstellen; die Theoretiker noch so klug die „Evaluation der Potentiale kommunaler Prävention" betreiben, es blieb immer eine gläserne Scheidewand zwischen „denen" und „uns".

Wir AAs fanden uns schnell zusammen, manche waren auch selbst Suchthelfer. Von uns wollte niemand diese Trennung, was nicht heißt, daß wir nicht doch durch Mißtrauen und Empfindlichkeit dazu beigetragen hätten, sie zu verschärfen. Aber sie war da, prägte den Ton, schlug sich nieder in der distanzierenden „wissenschaftlichen" Sprache oder in bemühten, anbiedernd wirkenden Attitüden. „Tricks sind das, was die Therapie nennen", knurrte ein aus der ČSSR zugewanderter AA-Freund, „Tricks sind alles, was die können." Gewiß, Ausnahmen hat es gegeben, die Kluft wurde stellenweise auch zum Thema gemacht. Aber der Tenor, von den Helfern gesetzt, blieb: Wir und Die. „Wir", die Gesunden und Normalen, und „die", die Kranken und Unberechenbaren. Und immer war der Unterschied moralisch gefärbt.

Die Frage, ob Alkoholismus nun tatsächlich eine Krankheit sei, eine erlernte Gewohnheit oder Signal eines sozialen Zusammenbruchs, ist in der Öffentlichkeit, selbst in der wissenschaftlichen, noch immer nicht eindeutig entschieden – bei aller zu-

nehmenden Bereitschaft, Alkoholismus als Krankheit zu betrachten. Noch immer schwelt die Diskussion, ob der Alkoholiker als medizinischer Fall zu behandeln, als unglückliches Opfer
der Umstände zu retten oder als eigenwilliger und cleverer
Manipulator seiner Umgebung gar zu bestrafen sei.

Entsprechend vielschichtig und mehrdeutig sind auch die
Reaktionen auf die Anonymen Alkoholiker. Die werden nicht
klarer dadurch, daß die praktischen Erfolge der Gemeinschaft
unübersehbar sind, die Bereitschaft der akademischen Profis,
eigene Mißerfolge einzugestehen, aber keineswegs gewachsen
ist.

Die meisten Fachleute aus der Medizin und den Psychobe-
rufen wehren sich dagegen, die AA-Methode als Therapie gelten
zu lassen. Empört sagt Franke vom Bonner Gesundheitsministerium: „In dieser Hinsicht werden die Selbsthilfegruppen ja
überschätzt, man kann Therapie doch nicht ungelernten Kur-
pfuschern überlassen."

Auch Professor Feuerlein vom Münchner Max-Planck-Institut für Psychiatrie, der ohnehin nicht verstehen kann, daß Alkoholiker schon vor dem Frühstück Schnaps trinken, mag im
AA-Prozeß keine Therapie-Methode sehen. „Mehr und weniger
zugleich" sei AA, eine „Art Ideologie", „eine Bewegung, die
auch den emotionalen Bereich erfaßt", kurz: alles andere als eine
seriöse, wissenschaftliche Methode. Feuerlein fehlen Fachleute,
er vermißt Karteien und damit nachprüfbare Erfolgsstatistiken.

Nun wäre es wohl auch schon etwas viel verlangt von den
medizinischen Profis, wenn sie sich freiwillig vom großen finan-
ziellen Futternapf verabschieden sollten, den die Suchtbekämpfung bereitstellt. Suchttherapie ist Big Business. Es geht aber
offenbar auch gegen die wissenschaftliche Ehre, zu kapitulieren.

Vor allem klassische Analytiker, wie Wolf-Detlef Rost („Psychoanalyse des Alkoholismus"), wehren sich mit seltsamen Ver-
renkungen gegen den „ausgesprochenen Modetrend" des Selbst-
hilfegedankens. Einerseits räumt Rost ein, daß „AA bzw. die
Selbsthilfekonzeption bis heute der erfolgreichste Ansatz zur
Hilfe bei Alkoholismus (ist), der in den vergangenen Jahrzehn-

ten mit Sicherheit mehr Alkoholikern das Leben gerettet hat als alle anderen medizinischen und professionellen Verfahren zusammen". Andererseits drängt er die AAs in die Sektenecke und wärmt unermüdlich das Märchen auf: „In der Alkoholismustheorie der AA verdichten sich die christlichen Mythen des Satans und der Erbsünde." Und natürlich: „Auch AA kann zum permanenten Suchtersatz werden." Als ob das in den Gruppen irgend jemand ernsthaft bestritte. Selbst als Suchtersatz aber erscheint AA niemandem tödlich. Und sollte wissenschaftliche Rechthaberei wohl als Droge weniger tauglich sein als AA?

Die Entlarvungen der „Mythen um die Trunksucht" finden vor allem am Schreibtisch statt. Immer mal wieder entsprießt einer vergleichenden Forschungsstudie die hoffnungsfrohe Botschaft, Abhängige könnten auf „ein ziemlich normales Trinkerverhalten" zurückdressiert werden. 1987 meldete sich Corinna Jakob vom Zentrum für Psychologische Medizin in Göttingen, gestützt auf „weit über 100 Studien", mit der „über jeden Zweifel hinweg" belegten Mitteilung, „daß nicht wenige ehemalige Alkoholiker den ‚Absprung' zu einem ganz normalen, kontrollierten Konsum von Spirituosen schaffen".

In den AA-Gruppen sorgen solche Meldungen für Unruhe, aber nicht für Zweifel am Konzept. Einige, die es wohl sowieso versucht hätten, riskieren den „Absprung". Entweder sie schaffen ihn – wie schön, bei AA wären sie dann ohnehin falsch. Oder sie fallen auf die Nase, dann hoffen ihre Freunde, daß sie den Weg zurückfinden, bevor sie ihr eigenes und anderer Leute Leben noch mehr ruinieren.

Bei Praktikern in den Suchtkliniken und in den Beratungsstellen stehen solche trotzigen Triumph-Meldungen vom Sieg der wissenschaftlichen Vernunft und der menschlichen Selbstkontrolle über die „Zombie-Theorie" von der lebenslangen Sucht nicht hoch im Kurs. Sie halten zumeist das AA-Konzept – in Abwandlungen – für das brauchbarste. Es legt ihnen vor allem eine bescheidenere, liebevollere Attitüde im Umgang mit ihrer Klientel nahe. Zwar gehen nur die wenigsten so weit wie Walther Lechler, der in euphorischen Augenblicken – wegen der späteren Reifungschancen – zu verkünden pflegt: „Wen Gott liebt, läßt er Alkoholiker werden." Aber viele können sich mit dem Berliner Alkoholismus-Routinier Lothar Schmidt identifizieren, der auch an der Freien Universität lehrte. Als Schmidt mit Alkoholabhängigen zu arbeiten begann, fragte ihn ein Kollege: „Lothar, kannst du Alkoholiker liebhaben?" Der Arzt bejahte und sagt heute: „Wenn ich das einem Wissenschaftler sage, hält der mich für doof, aber das macht nichts."

Schmidt hat sein therapeutisches Programm eng an AA angelehnt und klagt über große Unkenntnis bei Ärzten und Psychiatern: „Zum Teil haben die nichts verstanden." Vor allem nicht, ‚wie fragwürdig die scheinbar klaren Grenzen sind zwischen „denen" und „uns", mit deren Hilfe die Sucht allein auf die Seite der Alkoholiker verlagert wird. Längst ist es unter den Suchtpraktikern keine Seltenheit mehr – wenngleich noch immer die Ausnahme –, daß sie sich über die Gefahr der unbewußten Komplizenschaft nicht nur der Familienangehörigen, sondern auch von Ärzten, Psychologen, Geistlichen, Chefs und anderen Autoritäten am Leiden der Alkoholiker klar sind.

„Gestörte wie Co-Gestörte sind wie Stehler und Hehler", sagt Walther Lechler über „unser aller Komplizentum". Sein amerikanischer Kollege Joseph Pursh: „Ich mußte lernen, daß neben den Rauschmitteln du und ich als helfende Komplizen (Enabler) das größte Problem der Abhängigen sind. Weil wir sie nicht verstehen, schaden wir ihnen oft mehr als wir nützen, und das in allerbester Absicht."

Alle diese Cos, so haben es die AAs im Suff erlebt und nachträglich durchschaut, verhindern, daß der Alkoholabhängige seine Realität wahrnimmt und Konsequenzen zieht. Ist der Alkoholiker trocken geworden und braucht und will sie nicht mehr, fühlen sie sich um ihre Aufgaben gebracht.

Ob nun die Co-Abhängigkeit, jene helfende Fixierung auf einen Suchtkranken, die selbst suchtartige Züge hat, wirklich „eine grundlegende, weit verbreitete generische Erkrankung" ist, wie die amerikanische Psychotherapeutin Anne Wilson Schaef behauptet, mag dahingestellt bleiben. Daß aber Helfer zu Komplizen werden, ist eine Erfahrung, die in jeder AA-Gruppe mit zum Teil erschreckenden Geschichten belegt wird.

Es gibt, so der Psychologe Martin Hambrecht in der Zeitschrift *Psychologie Heute,* den „mütterlichen Co", der den Symptomträger umhegt und in der Sorge für ihn aufgeht, weil er ihn für schwach und schutzbedürftig gegenüber der bösen Welt hält.

Es gibt den „väterlichen Co", der die Aufgaben und Pflichten für den Partner übernimmt, weil er ihn für unfähig hält, Selbstverantwortung zu tragen. Es gibt den „kumpelhaften Co", der immer ein Auge zudrückt und um der Freundschaft und des lieben Friedens willen alles mitmacht. Und es gibt – vor allem im Gesundheits- und Sozialbereich – den „beruflichen Co", der sozial sein will und sich für verpflichtet hält zu helfen.

Eine Möglichkeit, das Co-Verhalten aufzubrechen, stellen die systemischen Therapien dar. Vor allem für die Struktur-Deterministen ist „Alkoholismus eine Auffassungssache", nichts anderes als eine in einer bestimmten Tradition entstandene Zusammenschau von Daten und Merkmalen. Man kann die gleichen Daten als Krankheit, als Lebenskrise oder als moralischen Defekt interpretieren, es würde jeweils andere Verständnis-, Bewertungs- und Handlungsmuster zur Folge haben.

Was immer man von solchen systemischen Wirklichkeitskonstrukten halten mag, sie haben den Vorteil, daß sie den Klienten Respekt und Akzeptanz entgegenbringen, keine moralisch wertende Grenze zwischen „uns" und „denen" ziehen.

Die Amerikaner Jay S. Efran, Kerry P. Heffner und Robert J. Lukens etwa geben dem AA-Konzept vor der „Behandlung" deutlich den Vorzug, weil sie der Version der Wissenschaftler, die vorgeben, „einfach objektiven Fakten nachzuspüren", nicht auf den Leim gehen wollen. Aus ihrer Perspektive würden sie die Handlungen vieler Forscher im Bereich des Alkoholismus „zutreffender als Erfinden, Ausschmücken und Verkünden innovativer sozialer Entwürfe beschreiben, um mit Trinkproblemen umgehen zu können".

In einem Aufsatz, in der deutschen *Zeitschrift für Systemtheorie,* schreiben die drei amerikanischen Autoren:

„Nach unserem Verständnis können ‚Behandlungen' niemals die direkten ‚Ursachen' für Verhaltensänderungen sein. Therapiesitzungen sind einfach soziale Kontexte, in denen Verhalten auftritt und sich entwickelt. Teilnahme an AA oder der Besuch bei einem Lerntheoretiker sind nicht der ‚Grund' für Nüchternheit, sowenig wie der Besuch beim Kaufmann der Grund für das Essen ist. Lebensmittelhändler sind in der Tat Teil des *Systems* der Lebensmittelverteilung – sie erleichtern das Essen. Man könnte fast sagen, der Gang zum Kaufmann ist ein erster Aspekt für das Essen. Es ist angemessen, im Geschäft einzukaufen, wenn man essen will, und es ist sicher nützlich, daß solche Stätten erfunden wurden und daß es sie gibt.

In der gleichen Weise können es Menschen nützlich finden, zu den Treffen der AA zu gehen, um sich mit dem Prozeß auseinanderzusetzen, trocken zu werden oder zu bleiben. Der Wert der AA und ähnlicher Organisationen liegt darin, daß es Plätze sind – vielleicht sprechen wir besser von ‚Kontexten' –, wo bestimmte Arten zu reden und zu handeln praktiziert und geschätzt werden. So wie es Theater erleichtern, Stücke aufzuführen, können ‚Klubs' wie AA Trockenheit erleichtern. Aber ein Theater ‚verursacht' kein Stück oder ‚behandelt' dich bei fehlendem Drama. Entsprechend heilt AA nicht und veranlaßt dich nicht, etwas zu tun."

Und weiter:

„Für den Struktur-Deterministen betrifft der zentrale Punkt des Alkoholismus die gemeindlichen Strukturen – koordiniert durch neue Wege des Sprechens –, die zusätzliche viable und nützliche Rollen für die Leute schaffen, die gemeinhin als ‚Alkoholiker' etikettiert werden. In dieser Debatte stehen die Rollen, die verfügbar gemacht werden, nicht nur für ‚Alkoholiker' selbst auf dem Spiel, sondern auch für alle übrigen Mitspieler im Abhängigkeits-Drama – Forscher, Kliniker, Para-Professionelle, Verwandte und dergleichen mehr."

Sharon Wegscheider, die als praktizierende Familientherapeutin und Tochter eines Alkoholikers den Krankheitsbegriff und die daraus folgenden Lösungsmöglichkeiten für nicht ganz so beliebig hält wie die Struktur-Deterministen, folgt ihnen jedoch in ihrem theoretischen Ansatz. Sie versucht – gestützt auf langjährige Zusammenarbeit sowohl mit professionellen Therapeuten als auch mit AA – die Ähnlichkeiten zwischen beiden Ansätzen herauszuarbeiten. Die Gemeinsamkeiten, schreibt sie in ihrem Buch „Another Chance", sind größer als die meisten Anhänger beider Traditionen wahrhaben wollen:

„1. Alkoholismus ist eine Krankheit.

2. Weil es eine Krankheit ist, gibt es keine Schuld.

3. Die Krankheit erfaßt den ganzen Menschen – Körper, Geist und Seele.

4. Die Krankheit erfaßt die ganze Familie. Jene, die dem Alkoholiker nahe sind, werden besonders stark beeinflußt und beeinflussen wiederum den Krankheitsverlauf.

5. Die Krankheit kann nicht geheilt, aber zum Stillstand gebracht werden. Ihre Schäden können kuriert werden.

6. Um die Krankheit zu stoppen, muß der Alkoholiker mit dem Trinken aufhören – sofort, vollständig und für immer.

7. Er muß seine Einstellung ändern und sein Verhalten, er muß im wahrsten Sinne des Wortes sein Leben ändern.

8. Die Verantwortung für diese Änderungen trägt der Alkoholiker allein, denn nur er kann sie vornehmen.

9. Er schafft sie aber nicht ohne Hilfe.

10. Eine kräftige Hilfe ist die liebende Fürsorge eines anderen Menschen, der genug liebt, um die Wahrheit nicht zu scheuen.

11. Eine andere Hilfsquelle ist eine Gruppe, in der der Alkoholiker die Erfahrungen anderer Alkoholiker hören kann, seine eigenen erzählen, und wo er ehrliche Rückmeldungen bekommt.

12. Der Alkoholiker muß lernen, sich selbst gegenüber ehrlich zu sein, seine wahren Gefühle zu fühlen und seine Handlungen so zu sehen, wie sie wirklich sind.

13. Er muß lernen, auch anderen gegenüber ehrlich zu sein, zu sagen, was er fühlt, und ihnen gestatten zu sagen, was sie fühlen.

14. Ein wichtiger Teil der Genesung ist die Wiederherstellung des zerbrochenen Selbstwertgefühls.

15. Bleibende Genesung erfordert fortgesetzte Anstrengungen des Betroffenen, die unterstützt werden durch Freunde und Familie.

16. Bücher, Filme und Vorträge sind wertvolle Hilfen, um dem Alkoholiker Wissen über seine Krankheit beizubringen, ihn für Veränderungen zu motivieren und ihn für seine Bemühungen auszurüsten.

17. Alle diese Grundsätze, mit Ausnahme von Nummer sechs, gelten in gleicher Weise für den Alkoholiker selbst wie für andere Mitglieder einer alkoholischen Familie."

Man darf hinzufügen: eine große Zahl dieser Grundsätze sollte auch für professionelle Suchthelfer gelten.

Auf das Mißtrauen zwischen beiden Seiten eingehend, hebt Sharon Wegscheider hervor, daß die Unterschiede „nicht so sehr grundsätzlicher Art sind, sondern Fragen der Form betreffen". Sie glaubt, daß AA mehr die spirituellen und sozialen Bedürf-

nisse der Betroffenen anspricht, die Profis mehr die körperlichen und geistigen. Sie glaubt ferner, daß beide Ansätze einander ergänzen, ja, verstärken können. Sie selbst benutzt die
„Zwölf Schritte" sowohl als Rahmen für den therapeutischen
Prozeß wie auch als Inhalt im Sinne von AA. Bei Sharon Wegscheider, der Angehörigen und professionellen Therapeutin, hat
die angstvolle Scheidung zwischen dem gesunden „wir" und
dem kranken „die" keinen Platz.

*Die „Szene", aus der ich als Alkoholiker komme, ist mein ganz
normaler Alltag. Gesoffen habe ich in der Familie, bei der Arbeit, im Urlaub, in der Freizeit. Nur jeder fünfte Normalbürger
lebt, aus welchen Gründen auch immer, abstinent. Die Frage
„Was trinken Sie?" meint eigentlich immer nur Alkoholisches.*

*Erst mit beginnender Trockenheit begann mir zu dämmern,
wie selbstverständlich nicht nur mir, sondern auch meiner Umwelt der Verzehr von alkoholischen Getränken war. Als ich bei
unseren alljährlichen Pfingsttreffen mit Freunden auf einmal
nicht mehr mittrank, fand ich mich zum Außenseiter abgestem-
pelt. Seit fünfunddreißig Jahren treffen wir uns, die meisten
Freundschaften reichen sogar in die Studienzeit zurück. Es sind
jedesmal fröhliche, anregende Begegnungen, und früher wurde
auch kräftig gezecht. Pfingsten 1976 aber, es war kurz vor meinem endgültigen Zusammenbruch, lehnte ich auf einmal jeden
Stoff ab. Nach schrecklichen Exzessen war das die Bedingung
meiner Frau gewesen, unter der sie noch einmal mitkam. In den
Jahren vorher war ich kräftig eingebrochen, nicht allein, aber
verzweifelter.*

*Meine Freundinnen und Freunde hielten sich an diesem
Pfingstfest fast scheu von mir zurück. Sie sahen wohl, wie ich
mich quälte, aber keiner fragte. Ich selbst erklärte meine Zu-
rückhaltung vage mit „mal Pause machen". Das Ganze war
verlogen und peinlich. Ich schämte mich. Genaue Erinnerungen
habe ich aber nicht, nur daß es eine schlimme Tortur war.*

*Ein Jahr später trank ich wieder nichts, nun fast euphorisch
fröhlich und offensiv mit meinen Erklärungen: Ich erzählte von
AA, von meiner Therapie, von den beginnenden Veränderungen*

in meinem Leben. Zum erstenmal erlebte ich da jene seltsame atmosphärische Mischung aus Gruseln (Wie schrecklich!), Angst (Hoffentlich habe ich das nicht auch), Abwehr (Gut, daß ich anders bin) und neidischer Neugier (Am Ende hat der gar das bessere Ende gepackt?), das sich immer einzustellen beginnt, sobald ich, der Kranke, denen, den Gesunden, berichte.

Ich tat es, muß ich zugeben, oft am Anfang, zu oft. Mit keinem Thema hatte ich mich je so leicht in den Vordergrund einer Gesellschaft spielen können. Denn ein intensiv zugehörendes Publikum fand ich immer. Und meist auch mindestens einen, der so provozierend nicht interessiert war, daß alle merkten: der ist der nächste.

Das überraschendste bei jenem zweiten Freundschaftstreffen aber war, daß mich neun von zwanzig Teilnehmern in den drei Tagen mindestens einmal heimlich beiseite zogen, um über ihre Befürchtungen zu reden, sie hätten da wahrscheinlich auch ein Problem. Damals dachte ich, daß ich mich wohl einer Säuferclique angeschlossen hätte. Und das wohl nicht zufällig. Heute empfinde ich den Kreis, soweit es um den Alkoholkonsum geht, als ziemlich durchschnittlich. Nur einer hat inzwischen außer mir das Trinken ganz eingestellt, die anderen sind offenbar anders zurechtgekommen. Ich frage nicht mehr. Sie wissen ja Bescheid. Und sie nehmen keinen Anstoß an meiner Abstinenz.

So ist es inzwischen überall. Ob es nun daran liegt, daß das Nichttrinken mir heute als befreiende Selbstverständlichkeit erscheint oder ob ich inzwischen ein Alter und eine gesellschaftliche Position erlangt habe, die mir eine größere Toleranz verschaffen – ich fühle mich jedenfalls nicht diskriminiert. Solange ich trocken bin und mich Alkoholiker nenne, habe ich nicht ein einziges Mal kritische oder gar abwertende Bemerkungen darüber zu hören gekriegt, ganz gleich, in welcher Runde ich mein Wasser oder meinen Kaffee trinke. Allerdings erlebe ich einen anderen Effekt: Je besser meine beruflichen Leistungen wieder wurden, desto stärker wurde auch die Neigung vieler Mitmenschen, meinen Alkoholismus als eine Art selbstbeschwörerischer Macke anzusehen. Sie tolerieren den „Alkoholiker" Horst, zwinkern aber dabei unmerklich: Laß ihn doch, wenn er das braucht.

Von AA-Freunden weiß ich, daß es auch anders sein kann. Der Respekt, der einem Alkoholiker für Trockenheit entgegengebracht wird, hängt offenbar mit seinem Platz auf der sozialen Rangleiter zusammen – je höher, desto respektierter. Ist einer Pförtner, ist eine Reinemachefrau, dann scheint es den Gesunden und normal Trinkenden schon schwerer, ihnen ihre Trockenheit zu glauben, sie gar deswegen zu achten. Sie werden mit Argwohn angesehen, oft veräppelt, bei Betriebsfesten animiert und geraten leicht in Isolierung. Auch Bundeswehroffiziere haben es schwer. Solange sie soffen, waren sie zwar Sorgenkinder, aber normal. Sobald sie aufhörten und sich – trocken – Alkoholiker nannten, galten sie als Risikofaktoren und wurden von verantwortungsvollen Posten abgeschoben. Ein AA-Freund mußte seinen ehrenvollen Abschied als Offizier sogar einklagen.

Aber auch mich holt die Isolierung ein, wenn ich bestimmte Tabus verletze. Sobald ich es nämlich wage, in akademischer Gesellschaft, besonders unter Medizinern, ernsthaft den Wert von Selbsthilfegruppen zu preisen, gar die Arbeit in AA-Gruppen als „therapeutisch" zu bezeichnen, dann stoße ich auf hochmütiges, oft gereiztes Befremden.

Es gibt AAs in Deutschland, die träumen davon, daß ihre Gemeinschaft einmal so bekannt und respektiert sein werde wie das Rote Kreuz. Ausgeschlossen ist das nicht. In den USA sind die Anonymen Alkoholiker so etabliert, daß Politiker wie der Demokrat Wilbur Mills – einst über Jahrzehnte der mächtigste Abgeordnete im Kongreß – und Politiker-Ehefrauen wie Betty Ford und Joan Kennedy ungeniert über ihre Mitgliedschaft reden, sehr zum Verdruß alter AAs, die um das Prinzip der Anonymität fürchten.

Sehr zur Freude aber von staatlichen Gesundheitsfunktionären wie Carlton Turner, Sonderberater des Präsidenten in Fragen der Drogenabhängigkeit: „Wenn einer in einflußreicher Position und mit bekanntem Namen sagt: ‚Ich habe ein Alkoholproblem', dann gibt das vielen anderen Menschen Mut, das auch zu tun." In den Vereinigten Staaten staunten die Menschen in den vergangenen Jahren über einen plötzlichen Durchbruch:

Johnny Cash, Elisabeth Taylor, Liza Minelli – fast jeder Schauspieler, der auf sich hielt, schien sich plötzlich im Morgenfernsehen zu seiner Suff-Vergangenheit bekennen zu wollen. Viele auch zu ihrer besseren Gegenwart dank AA.

Davon kann in Deutschland noch keine Rede sein, aber die Zeitläufe sprechen auch bei uns für AA: Selbsthilfegruppen und Bürgerinitiativen entwickeln sich allenthalben. Ende 1987 hatte das Bonner Gesundheitsministerium 40 000 Selbsthilfegruppen gezählt, vorwiegend im psychosozialen Bereich. AA gilt dem deutschen Selbsthilfespezialisten Moeller geradezu als die Urzelle für solche Gruppen. Inzwischen stärken die Sparmaßnahmen der öffentlichen Kassen die Selbsthilfe-Idee.

Längst hat sich das Erfolgsprogramm der Anonymen Alkoholiker zur Selbsthilfe als Muster auf andere Lebensbereiche ausgebreitet. Nach dem Beispiel der AAs sind inzwischen nicht nur die Angehörigen von Alkoholikern organisiert, sondern auch Rauschgift- und Medikamentenabhängige (Narcotics Anonymous), Freßsüchtige (Overeaters Anonymous), Menschen mit seelischen Schwierigkeiten (Emotion Anonymous), Spieler (Gamblers Anonymous) und Eltern mit Erziehungsschwierigkeiten (Parents Anonymous). Sie alle, insgesamt um die dreißig Varianten, arbeiten mit dem „Zwölf-Schritte-Programm".

Inhaltlich orientieren sich inzwischen auch die Abstinenzlervereinigungen, wie Guttempler, Kreuzbund, Blaues Kreuz, an ähnlichen Erfahrungen wie die AA, doch bleiben sie im Gegensatz zu dieser Gemeinschaft kirchlich oder weltanschaulich gebunden und nehmen auch Nichtabhängige auf.

Auch fast alle Alkoholismustherapien in den Fach- und Landeskrankenhäusern sind ohne die Erkenntnisse der AA kaum denkbar – sowenig wie die Programme zur Eindämmung des Alkoholismus, die mittlerweile in mehr als 700 Betrieben und Verwaltungen in der Bundesrepublik eingeführt wurden. „Wegen ihrer gesellschaftspolitischen Vorbildfunktion" hat die IG Metall „eine besondere Verantwortung bei der Alkoholfrage" akzeptiert und im Herbst 1988 zwischen Vorstand und Gesamtbetriebsrat eine Betriebsvereinbarung über „Grundsätze gegen den Mißbrauch von Suchtmitteln und die Hilfe für Suchtkranke" abgeschlossen. Der Text wurde allen Beschäftigten zusammen mit Text-Fragebögen über eigene Suchtgewohnheiten zugeschickt. In den USA gibt es bereits um die 10 000 derartiger innerbetrieblicher Hilfs- und Beratungssysteme, darunter in 70 Prozent der 500 größten Konzerne.

Aber die Ambivalenz bleibt. Auch wenn sie sich selten so deutlich zeigt wie in der hilflosen Ignoranz, mit der das Bundesamt für Verfassungsschutz, das Bonner Innenministerium und der Innenausschuß des Deutschen Bundestags das Alkoholproblem des damals in die DDR geflohenen Abwehragenten Tietge behandelten.

Einerseits sind Gesellschaft und Rechtsprechung auf dem Wege zu einem neuen Verständnis Schritt für Schritt vorangekommen. In ihrem Buch „Suchtverhalten in der Arbeitswelt" schreibt Rita Rußland 1988: „Sie haben zunächst die These vom haltlosen Saufen aufgegeben, sind dann vom Selbstverschuldungsprinzip abgerückt, um schließlich die Abhängigkeit von Alkohol, Medikamenten und Drogen als Krankheit anzuerkennen."

Andererseits bleibt in den Begründungen mancher Gerichte, vor allem aber in der Praxis des Arbeitsalltags, bis heute die moralische Vorwurfshaltung vorherrschend. Viele Richter, obwohl seit dem Grundsatzurteil von 1968 dazu genötigt, Alkoholismus als eine Krankheit zu bewerten, verlegen sich noch immer mit Vorliebe darauf, ihre Urteile in der ganz frühen Phase des Trinkens anzusetzen. „Eine chronische Trunksucht ist in aller Regel selbst verschuldet", entschied das Oberverwaltungsgericht München im August 1981 und bestätigte damit eine Disziplinarentscheidung, die einer Beamtin das Ruhegehalt verweigerte. „Jeder verständige Mensch weiß, daß längerer übermäßiger Alkoholgenuß zur Trunksucht führen kann", moralisierten die Richter und ließen sich auf die Charakteristiken des Alkoholismus, auf Trinkzwang und Kontrollverlust, gar nicht erst ein. Wie aber soll ein Alkoholiker bei dieser Argumentation jemals ein Arbeitsgerichtsverfahren gewinnen? Daß „schuldhaftes Verhalten" auch bei einem Rückfall vorliegen könne, entschied auch das Bundesarbeitsgericht in Kassel 1987. Doch blieb das

Gericht bei seiner früheren Krankheitsentscheidung und mutete den Beweis für das Rückfallverschulden des Arbeitnehmers dem Arbeitgeber zu.

Das „Verschuldungsprinzip" spielt – meist unausgesprochen – auch bei den Leistungen privater Krankenversicherungen eine Rolle. Immerhin haben die aber inzwischen auch den Krankheitsbegriff – nicht zuletzt nach öffentlichen Attacken von Betroffenen – von den *gesetzlichen* Krankenversicherungen übernommen. Der Widerstand wagt sich nicht mehr allzuweit öffentlich vor. Aber er ist zäh.

Zwar wird ein elend an seinen Suff-Folgen dahingesiechter Harald Junke in der Boulevardpresse verabschiedet wie ein im Kampf gefallener Volksheld. Doch hohe Beamte, die nach einer Therapie in den Dienst zurückkehren oder nur mit Hilfe der AAs trocken werden, machen die Erfahrung, daß die meisten Vorgesetzten und Kollegen es vorziehen, Alkoholismus weiter für ein Problem zu halten, das nur auf der Botenebene vorkommt. Insgesamt, stellt Ex-AA-Geschäftsführer Peter Borlein, als Anwalt Spezialist für Prozesse im Zusammenhang mit Alkohol, „weiterhin eine ganz affektive Haltung" gegenüber dem Problem fest – „vom Gerichtssaal bis in die Familien", so feierlich die öffentlichen Grußadressen für AA auch sein mögen.

Aber die Anonymen Alkoholiker haben ohnehin gelernt, öffentliches Lob als eine fragwürdige Angelegenheit zu erkennen. Bei der zentralen Jahresbegegnung der AAs aus Deutschland, der Schweiz und Österreichs in Frankfurt kam der Preisgesang für die AA besonders dick – nicht zuletzt von den regierenden Konservativen. Kein Wunder:

Unionspolitiker wie Unternehmer sehen im Selbsthilfekonzept ein gutes Alibi, um eigene soziale Leistungen zu reduzieren.

Der Hauptausschuß der AA hat sich längst mit der Frage befaßt, ob Gruppen Arbeitnehmern Teilnahmebescheinigungen ausstellen sollten, die sie zur Vorlage beim Arbeitgeber als Schutz vor Kündigungen haben wollten. Ergebnis: „AA kontrolliert ihre Mitglieder in keiner Weise. Deshalb kann eine Meeting-Teilnahme oder Alkoholenthaltsamkeit nicht bescheinigt werden."

Nicht nur Versuche politischer und sozialer Benutzung stecken hinter dem öffentlichen Schulterklopfen. Oft sind gerade besonders überschwengliche Lobhudeleien Ausdruck eines tiefen, uneingestandenen Mißbehagens. Unverkennbar ist, daß bei allen Lippenbekenntnissen zum Krankheitsbegriff des Alkoholismus die alte moralische Verurteilung noch tief sitzt. Niemand hat das in jüngster Zeit so brutal zu spüren bekommen wie die Bundestagsabgeordnete der Grünen, Heike Wilms-Kegel, die sich im Fernsehen als AA zu erkennen gab und nach dem Beispiel des amerikanischen Kongresses die Gründung einer Gruppe der Anonymen Alkoholiker im Bonner Parlament anregte. Sie wurde angepöbelt, von vielen ihrer Kollegen geschnitten und im Plenum am Reden gehindert. „Es war alles korrekt, was ich gesagt habe" erinnert sie sich nachträglich, „aber die Tage danach waren fürchterlich."

Dabei hatte die grüne Politikerin, Ärztin und erfahrene Suchttherapeutin niemanden persönlich genannt, alle denunziatorischen Nachfragen von Journalisten abgeschmettert. Sie hatte in einer – vielleicht etwas grobgestrickten, aber gewiß nicht falschen „Panorama"-Sendung lediglich bestätigt, was in Bonn unübersehbar war und in Berlin genauso ist (und auch gar nicht anders sein kann): daß nämlich im Bundestag und in der Regierung, in den Verwaltungen, Redaktionen und Lobbyisten-Büros mindestens so viel gesoffen wird wie in allen anderen Betrieben und Behörden der Republik. Aber obwohl sie weder ihrem grünen Ex-Kollegen Joseph (Joschka) Fischer zustimmte, der den Bundestag einmal als eine „unglaubliche Alkoholikerversammlung" bezeichnet hatte, noch dem in der gleichen Sendung auftretenden Sucht-Experten Hans-Detlef Canabis, der die Zahl der Alkoholkranken im Bonner Politikbetrieb als doppelt so hoch schätzte wie in anderen Unternehmungen, wurde sie als Nestbeschmutzerin verfemt – wohl nicht zuletzt, weil sie, als Betroffene und Ärztin zugleich, in ihrer Kompetenz unangreifbar schien.

Besonders die konservativen Abgeordneten des Hohen Hauses, die natürlich nie einen lallenden Kollegen im Plenum oder in den Ausschüssen erlebt hatten, sahen die „Würde des Parlaments" in Gefahr. Sie argwöhnten eifernd eine „Kampagne", um das oberste Verfassungsorgan zu verleumden und „systematisch zu beschädigen" und empörten sich heuchlerisch über „Eingriffe in die Intimsphäre". Bald würden sicher Meldungen laufen, daß die Abgeordneten durch Bonn hurten, erregte sich der CDU/CSU-Fraktionsgeschäftsführer Friedrich Bohl.

Es hätte nicht dieses eindeutigen Zusatzes bedurft, um klarzumachen, daß für die Mehrheit der Bonner Parlamentarier Alkoholismus auch heute noch keine Krankheit ist, sondern eine moralische Entgleisung. Und die gewählten Abgeordneten der Bundesrepublik, die so häufig verdächtigt werden, in ihrer Hochsicherheits-Station nicht repräsentativ zu sein für das Volk das sie vertreten, sind mit dieser Haltung gewiß voll im Einklang mit den „Menschen draußen im Lande": Sie saufen wie sie, und sie verdrängen wie die Mehrheit ihrer Wähler.

12. „Unsere Welt torkelt wie ein Alkoholiker von Krise zu Krise"

Die Gesellschaft aus der Sicht eines AA

Als ich, am Nachmittag meines 50. Geburtstages, Kirsten und Hendrik aus Kopenhagen unverhofft auf dem Marktplatz traf, durchzuckte mich ein Schreck. Freude zuerst – mein Gott, die waren meinetwegen angereist, ich hatte sie ja eingeladen. Dann verdichteten sich Unsicherheit und Angst zu einem schockartigen Alptraum. Wer nun wohl noch alles unterwegs war zu mir? Wie ein Anfall frivolen Übermuts wollte mir nun scheinen, daß ich alle hergebeten hatte, die mir wichtig waren.

Daß ich ein riesiges Fest feiern wollte zehn Jahre nach jener Zeit, da eigentlich alles schon vorüber war mit meinem Leben. Jetzt kam ich mir auf einmal größenwahnsinnig vor. Spinne ich denn? Eine höhnische Verkehrslawine drohte mich zu überrollen: Flugzeuge aus Zürich, Berlin und München, Züge aus Hamburg, Brüssel, Karlsruhe, Stuttgart und Köln, Autokarawanen von Sylt und aus dem Schwarzwald, aus der Lüneburger Heide und dem Allgäu. Hendrik sagt, ich sei plötzlich ganz blaß geworden.

Am Abend waren dann tatsächlich alle da, Verwandte, Kollegen, Jugend- und Schulfreunde, vor allem aber die vielen lieben Menschen, die erst seit meiner Trockenheit zu meinem Leben gehören, AAs vorneweg. „Was ist eigentlich das Wichtigste, was du hinzu- oder wiedergewonnen hast mit deiner Trockenheit"? hat mich meine AA-Freundin Sabine einmal gefragt. Ich zögerte nicht einen Moment mit der Antwort: „Menschen."

An diesem Geburtstag erlebte ich es so deutlich wie nie zuvor. Es wurde eine rauschende Feier, ich segelte wie auf einer rosa Wolke. Ja, ich lebte und wurde geliebt. Und ich genoß es, jeden einzelnen und jeden Augenblick.

Als die Sonne aufging, am nächsten Morgen, saß ich allein und unendlich glücklich in jenem ausgebeulten und abgeschabten Lieblingssessel, in dem ich gut zehn Jahren zuvor kapituliert hatte. Ein Wort des Lyrikers Oskar Loerke fiel mir ein: „lebensdankbar", ja, das war ich. Doch, es hatte sich alles gelohnt. Es lohnt sich noch immer.

Ich denke, daß ich das mit vielen AAs teile, die Fähigkeit oder den Zwang, jedes Ereignis meines Lebens, vor allem auch die schönen, vor dem Hintergrund meiner selbstzerstörerischen Einsamkeit von einst zu sehen. Das mag Außenstehende nerven, mir gibt es eine zusätzliche Dimension des Erlebens, die ich nicht missen möchte. Zwar erschrecke ich immer noch, wenn in AA-Gruppen jemand schwungvoll ausruft: „Ich bin glücklich, daß ich Alkoholiker bin." Nein, glücklich bin ich darüber nicht. Dafür habe ich zuviel Unheil angerichtet, auch zuviel Leben verplempert, mindestens fünfzehn Jahre.

Aber verstehen kann ich gut, was der Freund meint. Wäre ich nicht durch meine Krankheit gezwungen worden, mein Leben zu ändern, ich hätte nie viel über mich und andere erfahren. „Schade, daß du gestorben bist, ohne je gelebt zu haben", hat ein Freund am Grab eines anderen geflüstert. Und: Schade, daß du gestorben bist, ohne mich je gekannt zu haben." Das hätte er vor zwölf Jahren auch an meinem Grab sagen können, viel hat ja nicht gefehlt.

Über Erwin sagte das niemand, als er vor zwei Jahren auf einem kleinen Dorffriedhof im Rheinland beigesetzt wurde. Er hatte keine gute Jugend gehabt, soff, saß im Knast, soff. Bis er im Gefängnis AA kennenlernte und trocken blieb, bis zu seiner letzten Stunde, fast zwei Jahrzehnte lang.

Gewiß, im Meeting hatte Erwin, der vielen Alkoholikern geholfen hat in seiner trockenen Zeit, oft an sich gezweifelt. Ob er denn wirklich auf dem richtigen Weg sei? Ob es nicht doch zu spät sei, noch ein anderes Leben anzufangen? Er fühlte sich oft schwach, der Utopie einer gelassenen, freudvollen Nüchternheit nicht gewachsen. Aber er öffnete sich Neuem, riskierte Hoffnung, versuchte Altes abzulegen. Er lernte Leben.

Gewiß, er starb dann ganz plötzlich, mitten aus neuen Ansätzen heraus. Es erschreckte uns. Bei der Totenfeier, die ein Geistlicher zelebrierte, der ein AA-Freund war, weinten um ihn fast 400 Menschen. Erwin hätte das nie geglaubt. Er mochte Menschen. Aber ob sie ihn mochten? Da schien er nie sicher.

Ich habe auf Erwins Beerdigung auch geweint. Er fehlt mir. Aber es war nicht nur Trauer, die mich bewegte, sondern auch Freude, ja, so etwas wie Genugtuung. Denn die Anteilnahme der vielen am Tod dieses einst so einsamen und hoffnungslosen Menschen zeigte mir einmal mehr, daß die Richtung stimmt.

Ja, Erwin hatte sich eine private Lebendigkeit ertrotzt gegen das Unheil seiner Vergangenheit. Und er hielt nicht viel von der griesgrämigen Unglücksgesundheit, die andere, auf ihre Nichtabhängigkeit pochende Mitmenschen hochmütig gegen ihn und mich und alle Suchtkranken auszuspielen versuchen.

Er glaubte ihnen den Unterschied sowenig wie ich. Wie oft haben wir uns gefreut über den Freund, der einen Obststand auf einem Markt hat, sich in Gruppen aber ganz unmarktschreierisch vorstellt: „Ich heiße Paul, ich bin abhängig von Alkohol, Medikamenten und anderen Menschen." Dann zwinkerte Erwin mir zu: Ja, Abhängigkeit ist eine Lebenshaltung, sie beschränkt sich nicht auf Alkohol. Auch Sucht ist eine Haltung.

Im „richtigen Leben", außerhalb der Gruppen-Meetings, bin ich vorsichtiger geworden mit solchen Äußerungen. Sie sind nicht sonderlich populär. Daß da einer vorgibt, weniger Angst vor dem Tod zu haben als davor, das Leben zu verfehlen, das weckt Unbehagen. Mal ganz abgesehen davon, daß man darüber eigentlich sowieso nicht redet.

Bei manchem meiner alten Bekannten und Freunde gelte ich jetzt manchmal als „komischer Vogel", wobei alle eiligst versichern, sie meinten das positiv. Spürbar ist aber doch fast stets eine unterschwellige Abwehr, verbunden mit einer offenkundigen Faszination, sobald das Gespräch auf das Thema Alkoholismus kommt oder auf Sucht ganz allgemein. Es ist nicht schwer zu erkennen, daß die Abwehr mit Angst zu tun hat.

Die Sucht – und die Angst davor lauern offenbar in jedem. Worte wie Sehnsucht oder Eifersucht verraten es. „Die Sucht", sagt der Psychologe und Analytiker Wolfgang Schmidbauer, „das ist das Unheimliche in uns." Wer mag sich darauf einlassen? Bequem und beruhigender ist es, diese eigenen Anteile nur bei anderen zu sehen und dort moralisch abzuqualifizieren.

Der Suchtbegriff wird von Fachleuten zunehmend breiter interpretiert, nicht mehr nur im Zusammenhang mit Rauschmitteln gesehen. Mediziner und Juristen warnen vor einer „Inflation des Suchtbegriffs", da – so der Verhaltenstherapeut Professor Ivar Hand – die „Betroffenen" in eine hilflose, passive Patientenrolle gedrängt würden. Eine derartige Verkürzung des Suchtbegriffs auf eine medizinisch behandelbare Krankheit entspricht dem Denken der Schulmedizin, nicht aber der allgemeinen Lebenserfahrung, die in der Alltagssprache ihren Niederschlag gefunden hat. Daß Arbeit eine Droge sein kann, daß Hochleistungssportler und andere Leistungsakrobaten rekordsüchtig sind, daß Konsum mit Habsucht zu tun hat und Macht mit Herrschsucht, ist jedem geläufig.

„Drogen machen nicht süchtig", sagt Walther Lechler, „Alkohol verursacht nicht den sogenannten Alkoholismus." Die „Metapher Alkohol", so Lechler, „ist ganz schlicht Synonym von Lebenslüge, Selbstbetrug und Selbsttäuschung. Sie bezeichnet alles, was dazu dienen kann, unseren Blick vor der Wirklichkeit zu verstellen." Diesem Zweck kann vieles dienen. Nicht nur Fressen, Rauchen und Kaffeetrinken – beliebte Mittel der Suchtverlagerung bei Alkoholikern – sind tauglich, sich unliebsame Realitäten und bedrohliche Gefühle vom Leibe zu halten. Es läßt sich auch Tierliebe verwenden oder Tourismus, Sex oder eine Sammelleidenschaft, Joggen und Putzen, Psychotherapie oder Suchtbekämpfung. Auch Arbeitswut oder AA können als Sucht herhalten, um sich einem verantwortlichen Umgang mit dem Leben nicht stellen zu müssen.

„Suchtverhalten sollte als Lebensrisiko einer modernen Leistungs- und Konsumgesellschaft gesehen werden, dem im Prinzip jeder erliegen kann", sagt der Psychologe Gerhard Meyer, Experte für Glücksspiele, auf einem Kolloquium des Berufsverbandes Deutscher Psychologen im Sommer 1988 in Frankfurt. Und Werner Groß, der sich auf die therapeutische Betreuung von Arbeitssüchtigen konzentriert hat, nannte „die allgemeine Versüchtelung unserer Gesellschaft" ein Phänomen der Zeit: Neues Denken, Technik und Empirie spiegelten dem Menschen ein angstfreies Leben vor, das es in Wirklichkeit nicht gibt. Dieses Verdrängen schaffe Streß, den man nicht ertragen, vor dem man in Süchte flüchten möchte. „TV-Konsum, Walkmen, Kaufrausch sind Alltagsdrogen, die normal werden", sagte Groß. „Im Sinne einer sinnvollen Prophylaxe und Therapie ist es notwendig, die Ausgrenzung des Süchtigseins aufzugeben und selbst die eigenen süchtigen Anteile zu überprüfen, sein Leben entsprechend zu reformieren."

Das Wort „Sucht" ist verwandt mit dem Wort „siech" und dem englischen „sick" und heißt „krank". In Begriffen wie „Fallsucht", „Schwindsucht" und „Gelbsucht" hat sich die alte Bedeutung bis heute erhalten. Mit Suchen – wie die damalige Bonner Gesundheitsministerin Rita Süssmuth einem Saal voll von Experten weismachen wollte – hat der Begriff nichts zu tun, im Gegenteil. Süchtige begnügen sich mit inadäquaten, unerfüllten, nichtlohnenden Antworten auf das Leben. Sie suchen nach Ersatz. Von Anfang an hat das Wort neben der körperlichen auch eine geistige Störung bezeichnet: Im Mittelalter meist eine religiöse oder moralische Verirrung, seit der Goethezeit wird aus diesem moralischen Wertbegriff ein Wort der beschreibenden Seelenkunde. Die Verengung auf die Abhängigkeit von chemischen Mitteln ist ein medizinischer Sonderterminus, der sich erst in unserem Jahrhundert durchgesetzt hat. Bis zum späten Mittelalter hatten die Menschen ein Gefühl für die Ganzheit des Lebens und erkannten in der Sucht einen Mangel, der Körper und Seele gleichermaßen betraf. Dieses Wissen ging verloren. Erst heute greifen einige Ärzte, die sich mit Suchtkranken beschäftigen, darauf zurück.

Ihre Sehweise verwischt die Grenze zwischen Alkoholikern und dem normal trinkenden Bürger bewußt. Lechler pflegt seine Mediziner-Kollegen auf Fachkongressen mit der Einleitung zu erschrecken: „Ich denke, daß der Suchtkranke uns durch sein

Verhalten Fragen stellt, die uns peinlich sind. Sein Verhalten macht uns betroffen, weil wir erkennen müssen, daß er sich von uns nur wenig unterscheidet. Bei ehrlicher Betrachtung stellen wir fest, daß unsere Form des ‚Süchtigseins‘ sich besser verschleiern läßt, erlaubt ist, uns vielleicht sogar Anerkennung verschafft oder mindestens geduldet wird." AAs haben, sobald sie nüchtern wurden, immer mehr Ähnlichkeiten zwischen sich und dem Rest der Gesellschaft gesehen als der mit ihnen. Der frühere amerikanische AA-Rechtsvertreter Bernard Smith, Nicht-Alkoholiker wie sein deutscher Kollege Borlein, hat behauptet: „Das Mitglied (der AA) befand sich niemals in einer sklavischen Abhängigkeit vom Alkohol. Alkohol diente ihm einfach nur als ein Ausweg aus der persönlichen Versklavung durch die falschen Ideale einer materialistischen Gesellschaft."

Nicht zuletzt unter Berufung auf die Anonymen Alkoholiker gibt Lechler eine quasi religiöse Antwort auf die Frage, was dem Süchtigen eigentlich fehle. Für ihn ist das AA-Programm eine „Theo-Sozio-Psychosomatik". Die Frage nach dem fehlenden Sinn beantwortet er individuell und christlich. In seiner Klinik hält Chefarzt Lechler Bibelstunden ab.

Für andere sind süchtiges Verhalten und die Bemühungen, das zu korrigieren, ein gesellschaftliches Phänomen. „Ob die AAs das so sehen oder nicht, sie sind politisch", sagt Michael Lukas Moeller. Von den Selbsthilfegruppen bis zu den Bürgerinitiativen ist es für ihn nur ein Schritt. Als politisch bezeichnet Moeller Selbsthilfegruppen, weil ihre Mitglieder für ihre Selbstbestimmung eintreten, sich miteinander solidarisieren, ihre eigenen Bedürfnisse artikulieren, in den Gruppen lernen, durch Dialog Schwarzweiß-Malerei und Freund-Feind-Bilder zu überwinden. Immer sei die Mitarbeit in einer Selbsthilfegruppe der erste Schritt zu einer nicht ausschließlich „privaten Aktion".

Lange Zeit habe ich schweigend dabeigesessen, wenn meine Freunde außerhalb der AA sich in politischen Diskussionen die Köpfe heißredeten. Ich war einfach zu sehr mit mir selbst beschäftigt, mit meiner Krankheit, um mitmischen zu können.

Dabei habe ich mich früher immer für einen politischen Menschen gehalten, war bei Vietnam-Demonstrationen dabei, habe mit ohnmächtiger Wut den sowjetischen Einmarsch in Prag am Fernseher verfolgt. Gegen beide Aktionen habe ich vor allem kräftig getrunken.

Jetzt hatte ich Skrupel, daß ich mich zu sehr mit meinen Privatangelegenheiten beschäftigte. Vorwürfe alter 68er gegen „die neue Innerlichkeit" zog ich mir an. Langsam dämmerte mir aber in Gesprächen mit AA-Freunden dann, daß unsere Verkorkstheiten ähnliche Wurzeln hatten.

Daß meine Eltern mir Liebe zeigten, wenn ich ihren Erwartungen gerecht wurde, wenn ich arbeitete und etwas leistete, mich aber straften und enttäuscht waren, wenn ich nicht tat, was „man" von mir erwartete – das war nicht Ausdruck ihrer besonderen Bosheit. Das entspricht der in der kapitalistischen wie in der kommunistischen Industriegesellschaft vorherrschenden Erziehungsnorm.

Mein Leben lang versuchte ich „gut" zu sein, um geliebt zu werden. In der Konkurrenzgesellschaft wird aber niemand dafür geliebt, daß er gut ist, er wird allenfalls bewundert, beneidet, oft auch gehaßt. Ich hatte versucht, es allen recht zu machen, und bekam immer zuwenig. In das Loch zwischen meinen Wünschen und den Realitäten goß ich Alkohol. War das allein meine Privatangelegenheit?

Und ich versuchte auch im Menschlichen „sachlich" zu bleiben, objektiv zu diskutieren. So hatte ich es gelernt, vom Kindergarten bis zur Universität. Immer bei der Sache sein, aber über den Dingen stehen, hieß die Devise. Nur keine Gefühle, nur nicht persönlich werden. Eigene Erfahrungen? Subjektive Eindrücke? Selbst wenn ich sie noch hatte, war es unter meinem intellektuellen Niveau, sie zu erwähnen. Ich versuchte die akademische Höhenlage zu halten und Distanz um jeden Preis. Kein Wunder, daß ich in der intellektuellen Kaltluft zu frieren begann. Und daß ich dann anfing, mich mit Alkohol aufzuwärmen, war das meine private Eigenart?

Anfangs habe ich mich bei AA noch insgeheim manchmal lustig gemacht über eine als „Kindergartenatmosphäre" empfun-

dene Schlichtheit und Direktheit im Denken und Reden. Die
gibt es ja auch, wie könnte es anders sein. Aber der Unterschied
zur schlagfertigen, quicken, hinterfotzigen Umgangsform in
meinem beruflichen Alltag, liegt – das fand ich zum Glück bald
heraus – ja nicht darin, daß alle Dummköpfe dieser Welt bei AA
zusammenhocken und alle Schlauberger auf Parteitagen, Presse-
konferenzen und Kongressen herumtönen. Es ist vielmehr die
nahezu völlige Abwesenheit von Zynismus, die AA einen naiven
Charme gibt. Es ist alles so gemeint, wie es gesagt wird. Was
einer sagt, hat er erlebt. Und wenn bei AA gelacht wird, dann
sind Heiterkeit, Humor und Selbstironie die Auslöser, nicht bis-
siger Witz und aggressive Bosheit.

Auf dem Weg aus der inneren Verelendung schärfte sich mein
Blick für die Verelendung unserer äußeren Welt. Fortschritt?
Aufklärung? Vernunft? Das was ich nun überall zu sehen und
zu hören begann, konnte wohl nicht gemeint sein. Mir kamen
plötzlich ziemlich alternative Gedanken, und erstmals in mei-
nem Leben begann ich, für sie öffentlich geradezustehen.

Nicht vehement genug, vielleicht, das will ich gern einräu-
men. Aber dennoch empfinde ich Nüchternwerden als politisch,
ist mein Blick auf die Welt, sind mein Leben und meine Arbeit
durch die Selbsterfahrung geprägt, die ich AA verdanke. Meine
einst hochentwickelte Fähigkeit, mich bei eigenen und fremden
Selbstzerstörungsprozessen zu belügen, hat in den vielen AA-
Jahren stark gelitten. Darauf bilde ich mir nichts ein; gebrannte
Kinder haben keinen Grund zum Hochmut. Ich bin trocken und
sehe, wie besoffen es in der Welt zugeht.

Die Anonymen Alkoholiker, von ihren Urvätern bis zum jüng-
sten Mitglied in der kleinsten Dorfgruppe, weisen das Ansin-
nen, eine politische Vereinigung zu sein, entsetzt von sich. „Es
wäre eine Katastrophe, würden wir jetzt irgendwie am Rand der
alternativen Szene angesiedelt", sagt Claus aus Kaiserslautern.
Schnell hat jeder AA die Empfehlung der zehnten Tradition zur
Hand: „AA nimmt niemals Stellung zu Fragen außerhalb ihrer
Gemeinschaft, deshalb sollte auch der AA-Name niemals in
öffentliche Streitfragen verwickelt werden."

Nicht nur nach außen enthält sich die Gemeinschaft jeder Einmischung in die öffentlichen Angelegenheiten. Auch in den Gruppen ist Politik direkt kaum je ein Thema. Zwar kommt es vor, daß einer seine depressive Grundstimmung oder seine Aggression mit Berliner Zuständen begründet oder mit den Folgen der Globalisierung, doch meldet sich gewiß dann gleich einer, der erklärt, genau aus diesem Grunde könne er zum erstenmal seit langem wieder ruhig schlafen. Die Toleranz in den Gruppen verkraftet solche seltenen Ausflüge in die Tagespolitik.

Großer Belastung wird diese Toleranz zumeist aber auch nicht ausgesetzt. Denn AA ist ja schon von der gesellschaftlichen Prägung seiner Gründungsmitglieder her alles andere als eine emanzipatorische Vorhut. Weiß, mittelständisch, protestantisch, männlich waren Bill und Bob und ihre ersten hundert Freunde, die den Grundstein legten. Und Schwarze, Arme, Juden und Frauen sind noch immer unterdurchschnittlich schwach vertreten, besonders in den USA.

In der U-Bahn in Montreal verkündet bei der 50-Jahr-Feier der AA-Freund „Three Islands", ein Indianer, der die Gemeinschaft in die Reservate getragen hat, optimistisch: „Eine tödlich bedrohte Minderheit kann keine Minderheit abweisen." Das tut sie auch nicht. Aber um eine besondere Anziehungskraft müht sich AA bisher auch nicht. Paul, ein schwarzer Arzt aus Texas, sagt: „Rassismus hat die Schwarzen nicht unterkriegen können. Aber Alkoholismus schafft es. Er ist epidemisch." In seiner Stadt gäbe es Hunderte von AA-Meetings, und nur eine Gruppe davon sei schwarz. Und der farbige Freund Wade aus New York sah sich bitter im Stadion von Montreal um: „Ich kann keine Minderheiten erkennen", sagte er, „weder hier noch auf den Plätzen in den Meetings. Ich finde, wir sollten aufhören mit der Behauptung, es gäbe keine Rassenfrage auf diesem Konvent. Nicht jeder Schwule, nicht jede Frau, nicht jeder Jude, nicht jeder Schwarze lebt in New York. Aber diese Alkoholiker sollten überall im Lande Zugang finden zu unserer großartigen Gemeinschaft." Ausgesperrt werden sie nicht, aber gewiß auch nicht mit offenen Armen begrüßt, Frauen inzwischen ausgenommen.

Trotz allem sind AA-Gruppen ein vorzüglicher Seismograph für Stimmungsschwankungen in der Bevölkerung. Wann immer ein Unheil Schlagzeilen macht, durch Zeitungen oder Fernsehen Kriegsangst oder Furcht vor Umweltkatastrophen besonders angeheizt werden, steigt der Angstpegel in den Meetings. Es scheint, daß die Sensibilität für existentielle Gefährdungen des einzelnen und der Gemeinschaft in diesen Gruppen ausgeprägter ist als in der übrigen Bevölkerung. Alkoholiker sind eben Experten für Selbstmord auf Raten.

An diesem Punkt setzt eine Denkschule an, die Parallelen zwischen der zunehmenden Zahl von Suchterkrankten und dem Verhalten der Gesellschaft insgesamt sieht. Karl A. Geck, Suchtexperte und Arzt, glaubt, daß die Suchterkrankungen heute „individuelle Manifestationen eines gesellschaftlichen Zustandes" seien. Auch „unsere Welt torkelt wie ein Alkoholiker von Krise zu Krise".

Der einzelne Süchtige stellt in seiner Sicht eine „karikaturhafte Extremvariante des dominierenden Menschentyps unserer Zeit dar". Der Analytiker Wolfgang Schmidbauer verweist auf einen Trend, der diese Extremvariante sogar zum Normalfall wachsen sieht: „Es gibt Hochrechnungen, nach denen es in etwa 200 Jahren in den USA mehr Alkoholiker als Nichtalkoholiker geben wird." Vorausgesetzt, die Welt hat soviel Zeit. Walther Lechler: „Ich glaube, je mehr wir in der Art, wie wir leben, uns von der eigentlichen Welt entfernen, und je mehr wir, in der Art, wie wir leben, uns unsere Welt zerstören, um so größer wird die Not werden. Und ich könnte mir vorstellen, daß letzten Endes – und das ist vielleicht ein wahnsinniger Gedanke – die Atombombe erfunden werden mußte, um uns den letzten Schuß zu setzen. So wie ein Drogenabhängiger, der gar keinen anderen Ausweg mehr findet, in seiner wahnsinnigen Not sich das letzte High verschafft und den letzten Schuß setzt."

Die krampfhaften Bemühungen die physische wie psychische Verelendung von Millionen Menschen, Wald- und Meeressterben sowie Nahrungsmittelvergiftung zu verleugnen oder zu verharmlosen, sind, darin wissen sich die Spezialisten dieser Schule einig, reines Suchtverhalten.

„Wir Fixer" überschreibt Schmidbauer einen Aufsatz in der Zeitschrift Natur, in der er behauptet, daß die „gegenwärtige Lebensform" soviel Zukunft habe „wie die Dinosaurier in den Sümpfen der Jurazeit".

Auch der 1980 gestorbene Amerikaner Gregory Bateson, Anthropologe und Psychologe, glaubte, daß die Welt – bewohnt von einer Gattung, die sowohl eine fortgeschrittene Technologie besitzt als auch diese eigenartige Weltanschauung der Trennung von Geist und Materie, die den Menschen gegen seine Umgebung stellt – kaum überleben könne. Nicht von ungefähr kommt er zu dieser Erkenntnis in einer auf AA-Erfahrungen basierenden kybernetischen „Theorie des Alkoholismus".

Die Leidenschaft der Freundin Eleonor drohte mich anzustecken. „AA muß sich öffnen", forderte sie von der Bühne herab, „die Gemeinschaft muß sich aus der Isolierung herausbewegen. Was macht AA eigentlich, um der Kälte in unserer Gesellschaft etwas entgegenzusetzen?" Eleonor ist keine Spinnerin, sondern eine gestandene Frau und seit vielen Jahren trocken in AA. Sie ist zornig. Und ohnmächtig.

Ich blickte mich um im Saal von Siegburg, wo die Anonymen Alkoholiker im Oktober 1987 ihren zehnten Geburtstag feierten. Die Gesichter vieler Freundinnen und Freunde wirkten verschlossen, ablehnend. Täuschte es oder begann eine nervöse Angst in manchen Zügen zu flattern?

Ich sah Sigi, Magdalena, Heinz, spürte, wie sie zurückschreckten. Ich dachte an Olga, die manchmal noch zittert, wenn sie die Kaffeetasse ansetzt. Kurt fiel mir ein, der noch vor einem Jahr komplizierte juristische Verträge mit sich selbst abschloß, um sich feierlich und rechtsverbindlich den Rückfall zu verbieten. Und der dann immer aufs neue fassungslos in seinem verkotzten Bett erwachte – bis er zu AA fand. Und ich sah Hildegard vor mir, die mit angstvoll aufgerissenen Augen nach einem halben Jahr Trockenheit sagt: „Es ist plötzlich soviel Bewegung in meinem Leben. Das Alte stimmt alles nicht mehr. Mein Gott, ich habe solche Angst."

Sie alle wären überfordert, wollte AA sich ins politische Getümmel stürzen, „zu Streitfragen Stellung nehmen". Nein, der bedrohliche Zustand dieser Welt kann kein Thema sein für Menschen, die noch ums schiere persönliche Überleben kämpfen. Nein, in meine Gruppe gehört dieses Thema nicht, es sei denn, ich geriete darüber selbst ans Saufen.

Dann wäre es aber auch kein Thema. Die Freunde würden mich an meine Machtlosigkeit erinnern, würden sagen: „Nimm dich nicht so wichtig." Nein, die AA-Gruppe ist kein Ort, um zu Friedensmärschen oder Öko-Camps aufzurufen. Das darf sie auch nicht werden.

Und dennoch fühle ich wie Eleonor. Hat sie nicht auch recht? Habe ich mir nicht auch manchmal gewünscht, AA solle sich der Welt als Modell anbieten? Ein Brief fällt mir ein, den mir Klaus, ein befreundeter Arzt, vor ein paar Monaten geschrieben hat. Er ist enttäuscht von den Anonymen Alkoholikern, sieht zu viele, die es sich wohl sein lassen im „gemütlichen Elend", beklagt auch „eine Art elitäre Selbstzufriedenheit, ein gewisses Pharisäertum", wiewohl er manchen erlebt hat in seiner Praxis, der Zugang gefunden habe „zu einem für mich immer wieder erstaunlichen inneren Frieden". Die „Wiedergeburt", die das Programm verspricht, hat er sich aber anders vorgestellt, radikaler und umfassender.

Ich kann die Kritik von Klaus so gut verstehen wie sein Erstaunen. Er hat AA in den siebziger Jahren kennengelernt, da war er noch „voll mit 68er Ideen, antipsychiatrisch eingestellt und im Kampf mit all dem, was irgendwie nach Etabliertheit roch". Das war die Zeit, als ich die Revolution herbeizusaufen begann. Hätte ich damals schon von AA gehört, ich hätte geurteilt wie Klaus, der sie „für einen sehr suspekten Haufen" hielt, „frömmelnd, politisch angepaßt, sektiererisch".

Dann gelangten wir beide, wenngleich nicht gleichzeitig und schon gar nicht in vergleichbarer Situation, nach Bad Herrenalb an die Klinik Walther Lechlers – und an AA. Klaus, der dort als Therapeut arbeitete, wurde „zum totalen Fan des Zwölf-Schritte-Programms". Ich nahm es zunächst skeptisch in Kauf. Kaputt wie ich war, hatte ich keine Wahl. Doch die Vorstellung, daß AA „eine Art Leitschiene zur Erleuchtung" darstellen könnte, wäre mir damals sehr fremd gewesen, das Vokabular ist es noch heute.

Aber anders als Klaus halte ich heute mehr denn je an der Vorstellung fest, daß das Zwölf-Schritte-Programm ein Weg sein kann, „der einer nennenswerten Anzahl von Personen ermöglicht, über eine Stabilisierung und ein Wachstum im sogenannten persönlichen und beruflichen Rahmen hinaus zu Menschen zu werden, die wirklich ihr Leben leben, anstatt nur von inneren Impulsen und äußeren Umständen gelebt zu werden".

Ich kenne eine stattliche Zahl solcher Freundinnen und Freunde in AA, ich rechne mich dazu. Gewiß wünschte ich mir, daß es mehr wären, hoffe, daß es mehr werden, die – so Klaus – „das Dasein eines Hampelmanns hinter sich lassen, an dem gezogen wird und der reagiert". Denn das ist in der Tat auch die Geburt von politischen Menschen, von Bürgerinnen und Bürgern, die sich einmischen und nicht zulassen, daß ihr eigener Prozeß der Selbstzerstörung in ihrem Namen, nur noch pathetischer verkleistert und im großen Stil, bis zur Weltzerstörung von anderen fortgesetzt wird.

Es begann bei mir mit der Kapitulation und der Einsicht in die eigene Machtlosigkeit. Da ging es ums bloße Überleben vom Suff. Es setzte sich fort durch Selbsterforschung und -erfahrung im Programm durch Reden, Reden, Reden, mit einzelnen und in der Gruppe. Wie Max Frisch weiß ich heute: „Wer schweigt, ist nicht stumm. Er hat nicht einmal eine Ahnung, wer er ist." Da ging es um meine persönliche Identität. Und wie Elias Canetti habe ich erfahren: „Der Selbsterforscher wird zum Erforscher alles anderen, ob er will oder nicht." Da geht es ums Ganze.

„Wir haben es uns angewöhnt, gut funktionierende Verleugnungsmechanismen mit seelischer Gesundheit gleichzusetzen", sagt Wolfgang Schmidbauer. Wir, die Suchtgesellschaft. Die Anonymen Alkoholiker kennen seit siebzig Jahren die tödliche Konsequenz dieser Haltung. Sie wissen aber auch, daß

Alkoholiker nur dann an ihrer Sucht zugrunde gehen, wenn sie darauf beharren, lieber sterben zu wollen als Veränderung zu riskieren. Sie leben die Chance der Krise – die meisten besser als gut.

Literatur zum Thema

Anonyme Alkoholiker. Ein Bericht über die Genesung alkoholkranker Männer und Frauen. Vierte, neu übersetzte und überarbeitete Auflage 1983, Herausgeber und ©: Anonyme Alkoholiker deutscher Sprache

„Pass it on". The story of Bill Wilson and how the AA message reached the world, 1984, Alcoholics Anonymous World Services, Inc., NY, N. Y.

As Bill sees it, The AA Way of Life. Alcoholics Anonymous World Services, Inc., New York 1967

Unser Weg. Gedanken zum Programm der Anonymen Alkoholiker. Anonyme Alkoholiker deutscher Sprache, 3. Auflage, o. J.

Die zwölf Konzepte, 1986, Anonyme Alkoholiker deutscher Sprache

Wir kommen zu dem Glauben …, 1985, Anonyme Alkoholiker deutscher Sprache

„Fifty years with Gratitude". A Family Album and Souvenir of the International A. A. Convention, Montreal Quebec, Canada, July 4–7, 1985, Alcoholics Anonymous World Services, Inc., NY, N. Y.

Schriftenreihe zum Problem der Suchtgefahren:

Bd. 22 – Prävention, 1980

Bd. 24 – Suchtkranke in der Nachsorge, 1982

Bd. 28 – Sinnfrage und Suchtprobleme, 1986

Hrsg.: Deutsche Hauptstelle gegen die Suchtgefahren, Hoheneck Verlag, GmbH, Hamm

Gregory Bateson, Ökologie des Geistes, Suhrkamp, 1981

Jax S. Efran, Kerry P. Heffner, Robert J. Lukens, Alkoholismus als Auffassungssache. Zeitschrift für Systemtheorie 6 (3), 1988

Jürgen Heckel, Sich das Leben nehmen. Alkoholismus aus der Sicht eines Alkoholikers, München 2004

Helmut Horsch, Alkoholismus, München 1980

Dieter Korczak (Hrsg.), Die betäubte Gesellschaft, Fischer „Informationen zur Zeit", Bd. 4266, 1986

Jacqueline C. Lair, Walther H. Lechler, Von mir aus nennt es Wahnsinn, Kreuz Verlag, 1980

Michael Lukas Moeller, Selbsthilfegruppen, Rowohlt, 1978

Michael Lukas Moeller, Anders helfen, Selbsthilfegruppen und Fachleute arbeiten zusammen, Klett-Cotta, 1981

Steffen-Luis Neuendorff, Jürgen Schiel, Die Anonymen Alkoholiker. Portrait einer Selbsthilfeorganisation, Beltz, 1982

Steffen-Luis Neuendorff, Jürgen Schiel, Al-Anon: Selbsthilfe für Angehörige von Alkoholkranken, Fischer T. B., 1985

Robert O'Brien and Morris Chafetz, The Encyclopedia of Alcoholism, New York 1982

Nan Robertson, Getting better. Inside Alcoholics Anonymous, New York 1988

Wolf-Detlef Rost, Psychoanalyse des Alkoholismus, Klett-Cotta, 1987

Rita Rußland, Suchtverhalten und Arbeitswelt, S. Fischer Verlag, 1988

Anne Wilson Schaef, Co-Abhängigkeit, Verlag Mona Bögner-Kaufmann, 1986

Lothar Schmidt, Alkoholkrankheit und Alkoholmißbrauch, Kohlhammer, 1986

Monika Weber, Die dunkle Seite meines Lebens, Fischer T. B., 1983

Sharon Wegscheider, Another Chance, Hope and Health for the Alcoholic Family, Palo Alto 1981

Horst Zocker, Anonyme Alkoholiker, Selbsthilfe gegen Sucht, SPIEGEL-Serie, Hefte Nr. 38 + 39, 1983

Adressen

Deutschland

Anonyme Alkoholiker Gemeinsames Dienstbüro
Postfach 46 02 27, 80910 München, Tel. 0 89/3 16 95 00, Fax 0 89/3 16 51 00,
E-Mail aa-kontakt@anonyme-alkoholiker.de,
www.anonyme-alkoholiker.de

Kontaktstellen der Anonymen Alkoholiker

Ort	Adresse, Öffnungszeiten	Telefon
Aachen	D-52062 Aachen-Innenstadt., Wespienstraße 21 Mo–Fr 19:30–21:30 Uhr, Sa 15:30–17:30 Uhr, So 10–12 Uhr, übrige Zeit Anrufbeantworter	02 41/1 92 95
Ansbach	D-91522 Ansbach, Karolinenstraße 29, Hofeingang, Kontaktstelle im Haus der Inneren Mission 0981/13030 während der Meetings, übrige Zeit Anrufbeantworter	09 81/1 92 95
Aschaffenburg	Kontakttelefon für Aschaffenburg	0 60 21/7 42 55

Augsburg	D-86154 Augsburg-Oberhausen., Hirblinger Straße 28, Kontaktstelle Haus Emmaus Mo-Do 19–22 Uhr, Fr 17–22 Uhr, Sa und So 17–20 Uhr, So auch 9–12 Uhr, übrige Zeit Anrufbeantworter	08 21/1 92 95
Bergisch-Gladbach	Kontakttelefon für Bergisch-Gladbach	0 22 02/1 92 95
Berlin	D-13353 Berlin, Fehmarner Str. 24 (Laden) Mo–Fr 17–21.30 Uhr, Sa + So 19–21.30 Uhr	0 30/4 53 71 33 + 1 92 95
Bielefeld	Kontakttelefon für Bielefeld	05 21/1 92 95
Bonn	D-53115 Bonn-Mitte, Quantiusstraße 2, Aufenthaltsraum des VfG, Parterre Täglich 19–21 Uhr	02 28/65 30 80 + 1 92 95
Bremen	D-28195 Bremen-Mitte, Geeren 24, AA-KONTAKTZENTRUM BREMEN Mo–Fr 10–12 Uhr, Mo, Mi, Fr 15–21 Uhr, Di + Do 18–21, Sa + So 15–18 Uhr	04 21/1 92 95 + 45 45 85
Bremerhaven	D-27568 Bremerhaven-Lehe, Hafenstraße 176, Hofraum, Seiteneingang, Kontaktstelle Bremerhaven u. Umland Mo–Fr 17–19 Uhr, Mo, Mi, Fr 10–12 Uhr, Sa 10–12 Uhr, auch an Fest- und Feiertagen	04 71/1 92 95
Darmstadt	Kontakttelefon für Darmstadt	0 61 51/1 92 95
Delmenhorst	Kontakttelefon für Delmenhorst	0 42 21/5 07 14, 0 42 21/5 16 36, 04 21/8 09 02 83
Dortmund	D-44137 Dortmund-Mitte, Dudenstraße 4 Mo–Fr 19–21:30 Uhr, Sa 17–19:30 Uhr, So 10–12 und 19–21:30 Uhr; Mo–Fr 20 Uhr 1. Meeting	02 31/14 22 32 + 1 92 95
Düren	Kontakttelefon für Düren	01 78/7 35 22 84

Düsseldorf	D-40227 Düsseldorf-Oberbilk, Borsigstraße 29 rollstuhlgerecht Täglich 18–22 Uhr, Meeting 20–21:30 Uhr, So 14 Uhr, Meeting 15 Uhr, übrige Zeit Anrufbeantworter	02 11/1 92 95
Erlangen	D-91054 Erlangen, Harfenstraße 3 Täglich außer Samstag von 19 bis 21 Uhr; übrige Zeit Anrufbeantworter	0 91 31/20 81 22
Essen	D-45131 Essen-Rüttenscheid, Heymannplatz 13 Mo–Fr. 18–21 Uhr	02 01/77 94 31 + 1 92 95
Flensburg	D-24939 Flensburg, Waldstraße 15, Kontaktstelle Franziskus-Hospital Mo–Fr 10–12 und 19–21 Uhr, So 11–12.30 Uhr, übrige Zeit Anrufbeantworter	04 61/58 26 26
Frankenthal	Kontakttelefon für Frankenthal	06 21/1 92 95
Frankfurt	D-60311 Frankfurt, Hasengasse 5–7 Täglich 18–21 Uhr, Al-Anon. 069/5975448 (Mo-Sa v. 18–21 h)	0 69/1 92 95 + Fax 0 69/5 97 42 74 069/20973834
Frankfurt/ Oder	Kontakttelefon für Frankfurt/Oder nur Montag von 18:00 bis 19:00 (Zur selben Zeit ist auch eine persönliche Kontaktaufnahme im Haus der Begegnungen, Klabundstraße 10 möglich)	03 35/54 57 59
Gelsenkirchen	D-45879 Gelsenkirchen-Mitte, Ringstraße 29 Mo–Fr 19–22 Uhr, Sa 16–19 Uhr, übrige Zeit Anrufbeantworter	02 09/1 92 95
Giessen	D-35390 Giessen, Bahnhofstraße 90 Mo–Fr 19–22:30 Uhr, Sa 16–19.30 Uhr, So 9:30–12:30 und 19–22 Uhr	06 41/1 92 95
Hagen	D-58095 Hagen, Mariengasse 6 a Mo–Fr 10–12 und 19:30–21:30 Uhr, Sa 19:30–21:30 Uhr	0 23 31/1 92 95

Hamburg	D-22303 Hamburg-Barmbek-Nord, Saarlandstraße 9 Täglich 10–13 Uhr, Mo–Fr 18–21 Uhr, Sa 15–21 Uhr, übrige Zeit Anrufbeantworter	0 40/1 92 95 + 2 71 33 53
Hanau	D-63454 Hanau-Kesselstadt, Salisweg 44, Kontaktstelle Hanau Täglich außer Sonntag 18–22 Uhr	0 61 81/25 10 97
Hannover	D-30171 Hannover-Südstadt, Große Barlinge 66, Kontaktzentrum Täglich 19–21 Uhr, Di und Do 10–12 Uhr	05 11/9 80 55 14 + 1 92 95
Heilbronn	D-74072 Heilbronn, Am Wollhaus 18, Eingang Hofseite Mo–Fr 19–21:30 Uhr, So 10–12 Uhr und 18–20 Uhr, übrige Zeit Anrufbeantworter	0 71 31/1 92 95
Heinsberg	Kontakttelefon für Heinsberg	01 60/6 79 06 22
Heubach	Kontakttelefon für Heubach	0 71 73/1 92 95
Ingolstadt	D-85049 Ingolstadt-Mitte, Sebastianstraße 7 b, Regionale Kontaktstelle Ingolstadt Täglich 19–21 Uhr, auch Sonn- und Feiertag, übrige Zeit Anrufbeantworter	08 41/3 53 43 + 1 92 95
Itzehoe	Kontakttelefon für Itzehoe	0 48 21/94 71 16
Kaiserslautern	D-67655 Kaiserslautern, Pariser Straße 23, (Zugang auch über dem Hof hinter dem Gebäude in der Bleichstr.), 3.Etage Mo–Sa 19.30 Uhr, So 16 Uhr	06 31/1 92 95
Karlsruhe	D-76131 Karlsruhe, Fasanenstraße 1 Täglich ab 19:30 Uhr	07 21/1 92 95 + 3 73 33 37
Kassel	Kontakttelefon für Kassel	05 61/1 92 95
Kiel	Kontakttelefon für Kiel	04 31/1 92 95

Koblenz	D-56075 Koblenz, Mainzer Straße 81 Mo–Do 17–20 Uhr, Sa 16.30–19 Uhr	02 61/3 68 30
Koblenz	Kontakttelefon für Koblenz	02 61/1 92 95
Konstanz	Kontakttelefon für Konstanz	0 75 31/1 92 95
Köln	D-50668 Köln, Domstraße 58 Täglich 18–21.30 Uhr, Mittwoch 10–12.00 Uhr, übrige Zeit Anrufbeantworter	02 21/1 92 95, 02 21/31 24 24
Ludwigsburg	D-71638 Ludwigsburg, Stuttgarter Straße 12 Mo–Fr 19:30–22 Uhr, übrige Zeit Anrufbeantworter	0 71 41/1 92 95
Ludwigshafen	Kontakttelefon für Ludwigshafen täglich von 7:00 bis 23:00 Uhr besetzt	06 21/1 92 95
Lübeck	Kontakttelefon für Lübeck	04 51/1 92 95
Mainz	Kontakttelefon für Mainz	0 61 31/1 92 95
Mannheim	D-68165 Mannheim, Augartenstraße 13 rollstuhlgerecht Mo und Fr 20 Uhr, Mi 18 Uhr, Do 18 Uhr, Di 10+18 Uhr, Sa 17–19 Uhr, So 19–21 Uhr	06 21/44 88 00
Mannheim	D-68159 Mannheim, K2, 10, City Kontaktstelle während der Meetings Mo–Fr 20 Uhr, Mo 17 Uhr, Sa+So 19 Uhr	06 21/29 14 41
Minden	D-32427 Minden, Königstraße 80 Mi und Fr 19:30–22 Uhr, Mo, Di und Do 20–22 Uhr, Tel. Mo–Fr 10 bis 22 Uhr übrige Zeit Anrufbeantworter	05 71/2 19 62
München	D-80336 München-Stadtmitte, Landwehrstraße 9/1, 1. Stock Täglich 19–22 Uhr, übrige Zeit Anruf- beantworter	0 89/1 92 95 + 55 56 85

Münster	Kontakttelefon für Münster	02 51 / 1 92 95
Neumünster	Kontakttelefon für Neumünster	0 43 21 / 1 92 95
Nordbaden/ Rhein-Neckar/ Pfalz	Kontakttelefon für Nordbaden/ Rhein-Neckar/Pfalz täglich von 7:00 bis 23:00 erreichbar	06 21 / 1 92 95
Nürnberg	D-90459 Nürnberg, Lödelstraße 16 Täglich 19–21 Uhr, übrige Zeit Anrufbeantworter	09 11 / 1 92 95 + 45 45 46
Nürnberg	D-90429 Nürnberg, Fürther Straße 83 a Täglich 18:30–21 Uhr, übrige Zeit Anrufbeantworter	09 11 / 26 73 47
Oldenburg	D-26123 Oldenburg-Mitte, Donnerschweerstraße 109, Ecke Lindenstraße Täglich 18–20 Uhr	04 41 / 1 92 95 + 8 00 76 68
Osnabrück	D-49074 Osnabrück, Johannisstraße 4 Mo–Fr 10–12 und 19.30–21.30 Uhr, übrige Zeit Anrufbeantworter	05 41 / 2 39 12
Pirmasens	Kontakttelefon für Pirmasens	0 63 31 / 1 92 95
Regensburg	D-93057 Regensburg, Brandlbergerstraße 78 Täglich von 18:30–21 Uhr	09 41 / 1 92 95
Rheine	D-48431 Rheine, An der Stadtmauer 9 Mo–Fr 19–21:30 Uhr, Sa 16:30–19 Uhr, So 9–12 Uhr	0 59 71 / 1 92 95
Saarbrücken	D-66113 Saarbrücken-Rußhütte, Am Torhaus 25, AA Kontaktzentrum Saarbrücken Mo, Di, Mi, Fr, Sa, So 19.30 Uhr, So auch 10 Uhr	06 81 / 1 92 95
Sachsen und Sachsen-Anhalt	Kontakttelefon für Sachsen und Sachsen-Anhalt	03 45 / 1 92 95
Schwarzwald-Baar/Bodensee	Kontakttelefon für Schwarzwald-Baar/ Bodensee	01 71 / 4 10 87 11

Siegen	Kontakttelefon für Siegen	02 71/1 92 95
Stuttgart	D-70469 Stuttgart-Feuerbach, Stuttgarter Straße 10 Mo–Sa 20–22 Uhr, Sonn- u. Feiertag 19–21 Uhr, Mo+Fr 17:30–19:30 Uhr, Mi 9:30 Uhr, Sa.14 und 16:45 Uhr, So.10:30 und 15 Uhr	Meetingstelefon 07 11/1 92 95
Trier	Kontakttelefon für Trier	06 51/1 92 95
Ulm und Neu-Ulm	Kontakttelefon für Ulm und Neu-Ulm	0 73 07/92 37 41
Wentorf b. Hamburg	D-21465 Wentorf b. Hamburg, Am Burgberg 2 rollstuhlgerecht Mo–Fr 19–21.00 Uhr, übrige Zeit Anrufbeantworter	0 40/7 20 17 24
Wiesbaden	Kontakttelefon für Wiesbaden	06 11/1 92 95
Worms	Kontakttelefon für Worms	0 62 41/1 92 95
Wuppertal	D-42103 Wuppertal-Elberfeld, Gesundheitstraße 109 Mo–Fr 18–22 Uhr, Sa und So 17–19:30 Uhr, übrige Zeit Anrufbeantworter	02 02/55 77 90
Würzburg	D-97072 Würzburg, Bentheimstraße 13 Täglich 19:30–22 Uhr	09 31/88 31 31

Österreich und Südtirol

Graz	A-8020 Graz-Eggenberg, Eckertstraße 67, Kontaktstelle der Region Süd – Steiermark Täglich von 18–21 Uhr	03 16/57 47 40
Kärnten	Kontakttelefon für Kärnten Täglich von 19 bis 21 Uhr; Post an: AA – Altkatholische Kirche, A-9020 Klagenfurt, Kaufmanngasse 11	06 64/3 50 63 29

Nieder-österreich	Kontakttelefon für Niederösterreich Täglich von 18 bis 21 Uhr	06 76/9 74 08 39
Nordtirol	Kontakttelefon für Nordtirol von 19 bis 22 Uhr, Post an: A-6020 Innsbruck, Zollerstraße 6	06 64/5 16 58 80
Oberösterreich	Kontakttelefon für Oberösterreich Telefonische Auskunft über Telefon- seelsorge gebührenfrei; Post an: Krankenhaus der Barmherzigen Brüder/ Vermittlung, A-4021 Linz, Seilerstätte 2	142
Süd- und Osttirol	Kontakttelefon für Süd- und Osttirol Täglich von 18.30 bis 21.30 Uhr; Post an: I-39042 Feldthurns, Zentrum 27	00 39/03 48/ 2 45 99 29
Vorarlberg	Kontakttelefon für Vorarlberg Täglich von 19 bis 22 Uhr; Post an: A-6020 Innsbruck, Zollerstraße 6	06 64/4 88 82 00
Wien	A-1030 Wien, Barthgasse 5, Zentrale Kontaktstelle Wien Täglich von 18-21 Uhr	01/7 99 55 99

Schweiz

Schweiz	Kontakttelefon für Schweiz Hotline: Wir sind 24 Stunden für Sie da	08 48/84 88 85
Zürich	CH-8004 Zürich, Cramerstrasse 7, Kontakstelle Region Zürich Mo–Fr 14–17 Uhr, Mo–Sa 19–21 Uhr	044/2 41 30 30
Zürich (englisch)	Kontakttelefon für Zürich (englisch)	044/2 41 30 43
Zürich ZH	CH-8046 Zürich ZH, Wehntaler- strasse 560, Zentrale Dienststelle der Deutschen Schweiz (EMAIL: aaschweiz@swissonline.ch)	Tel 044/ 3 70 13 83 Fax 044/ 3 70 13 84

Ratgeber Psychologie und Gesundheit

Medizin und Psychologie

Wilhelm Feuerlein
Alkoholismus
Warnsignale, Vorbeugung, Therapie
5., aktualisierte Auflage. 2005. 119 Seiten mit
3 Abbildungen und 6 Tabellen. Paperback
C. H. Beck Wissen in der Beck'schen Reihe Band 2033

Ulrich Cuntz/Andreas Hillert
Eßstörungen
Ursachen, Symptome, Therapien
3., aktualisierte Auflage. 2003.
136 Seiten mit 4 Abbildungen. Paperback
C. H. Beck Wissen in der Beck'schen Reihe Band 2087

Lothar Jäger
Allergien
Ursachen, Therapien, Vorbeugung
2000. 128 Seiten mit 15 Abbildungen und 9 Tabellen. Paperback
C. H. Beck Wissen in der Beck'schen Reihe Band 2140

Rudolf E. Lang
Warum Tränen salzig schmecken
Eine spannende Entdeckungsreise
durch den menschlichen Körper
3. Auflage. 2006. 168 Seiten mit 91 Abbildungen. Paperback
Beck'sche Reihe Band 1612

Martin Borré/Thomas Reintjes
Warum Frauen schneller frieren
Alltagsphänomene wissenschaftlich erklärt
6., durchgesehene Auflage. 2006. 176 Seiten mit
29 Grafiken im Text. Paperback
Beck'sche Reihe Band 1647

Verlag C. H. Beck München